天上總會有雲，但你才是天空

劉軒

suncolor
三采文化

目錄

第1章

—Break—

人生的破口，也是新生命的出口

第2章

— Balance —

失衡是必然，接受也是平衡

第3章

—Feel—

一起感受，不再一起寂寞

第4章 —Connect—

每個人，都可能是貴人

第5章

—Reboot—

看見，不遠處的那道光

作者序

致這個突如其來的平行宇宙

二〇二一年元旦當天，身處於台北的超級寒流，被下個不停的雨悶壞了，我臨時起意：全家去南部一遊！

我們買了高鐵自由座，兩個多小時後就到了左營。高雄竟然是晴天，氣候宜人！我們迅速脫掉外套塞進背包，太太和孩子們都露出微笑。

我聯絡一位當地的老朋友，他也帶了家人出來。我好幾年沒見到他的兩個孩子，上次見面都還是小不點兒，現在念國中的大女兒已經亭亭玉立、小女兒活潑又鬼靈精怪，與我兒子川川一拍即合。我們兩家人坐渡輪去旗津，散步到一間海邊餐廳，坐在戶外享受著夕陽、音樂和美景。

我知道，去年對這位朋友來說特別地慘。在台灣住了二十幾年的他，原本計畫要帶妻小搬回美國。他們做了所有的安排，將房子退租、賣了車、辭了工作……然後新冠肺炎突然來襲，打亂所有的計畫。他們最後決定留下來，但一半的家當已經上了貨櫃船，飄洋過海了。

不只如此，有天他在家裡陪女兒玩，突然倒在地上翻白眼抽搐。幸好老婆在家，立刻幫他做人工呼吸並及時叫到救護車；後來確認是腦血管梗塞！不幸中的大幸，是這次的中風並沒有對他造成永久的傷害，但我們見面時，他還是看起來比以前緩慢一些。

坐著聊天時，老友說：大腦真是個奇妙的機器啊！對自己中風的整個過程，他竟然完全不記得，只知道上一刻在跟女兒下棋，下一刻就躺在地上，看著四周的醫護人員。那種感覺像是自己突然切換到另一個平行宇宙。誰知道？也許在另一個宇宙裡，他還在繼續跟女兒下棋呢？

二〇二〇這一整年，感覺真的很像進了某個平行宇宙。每天看著新聞畫面，令我難以置信，從小住了二十幾年的紐約市竟然變為空城，第五大道的精品店釘著木板，時報廣場的LED牆依舊默默地閃爍著，街上卻只有一兩個縮著脖子、快步走過的行人。

如果你向來有高度的規律感和控制慾，過去這一年應該特別難受，因為一切都處在未知的邊緣，似乎隨時都會失去控制。但話又說回來，什麼是控制呢？

控制，就是我們在意識下所做的決定。我們能控制天氣嗎？不行。但我可以待在連下了二十天雨、冷得發抖的台北，或帶著全家跳上高鐵，把自己移動到一個不下雨的高雄——這是我能控制的。

即便是回到台北後，天氣還是陰雨綿綿，但我知道自己有這個選擇。光是知道這一點，就足以讓我的心情比較不受天氣的影響。

選擇權等於自由，而自由使人快樂。我們努力工作賺錢，不也就是為了給自己未來更多選擇權嗎？

但很可惜，許多人不是這麼過日子的。他們有很好的條件，卻把自己的生活搞得沒有條件。他們努力給自己打造了金籠子，驕傲地守著籠子，卻很不開心。聽他們抱怨，看著他們成為自己的情緒俘虜，你會感覺到他們的腦袋裡是一個充滿了風暴的平行宇宙。

要感受富足、自在，我們必須正視自己能夠控制什麼，以及無法控制什麼，並懂得善用自己的選擇權。那天坐在旗津海邊，看著無雲的天空，我很感謝自己有這個自由，並能夠採取行動。老友也覺得慶幸，自己雖然在一個不是那麼如意的平行宇宙，但起碼天氣還不錯。

我們的情緒就像天氣，每天都在改變，雖然有時不穩定，但也不會持續很久。就像是太多雲會讓人想曬太陽，太陽太大也會讓人想找地方乘涼，情緒是一種訊號，告訴我們該如何行動；**我們應該聽取自己的情緒，但我們不等於自己的情緒。**

哈佛大腦神經學者吉爾・博爾特・泰勒（Jill Bolte Taylor）博士說：人只需要九十秒來注意、識別，並讓一個情緒自動消散。下次感到不悅時，用九十秒鐘靜觀並識別自己的感覺（例如：我在生氣），就可以讓大腦的杏仁核冷靜下來，避免憤怒爆發，並幫助你恢復控制。

事實上，我們總是有選擇的餘地。當你認知自己的意識其實是情緒所發生的舞台，永遠比情緒更高一層，也就可以比較泰然地看待情緒本身。所以說：**天上總會有雲，但你才是天空**。

這本書的面向非常豐富，核心理念就是這個「選擇權」。下次當你覺得壓力大到喘不過氣、當事情並不如所願、當你覺得自己只想搥牆大叫時，請往後退一步、深吸一口氣，看看事物的本質，並知道所有的情緒都會過去。

辨識情緒之後，就採取行動來跟進吧！改變風景、轉換觀點、做個小實驗來微調生活，再看看會發生什麼。也許約個老朋友，坐在海邊餐廳喝杯飲料、敘敘舊、看著自己的孩子們在沙灘上跑著，然後心想：這個平行宇宙，還可以接受。

第1章

—Break—

人生的破口，也是新生命的出口

人生的起伏，其實，並沒有那麼可怕，
萬事起頭難，最重要的就是第一步，
了解，並接受自己的弱點；
了解自己為此做了什麼代價，付出了什麼代價。
意識到問題的存在，就是改變的開始！

鑿開自我的裂痕

沿著裂痕挖掘，
你可能發現自己受傷的地方，
也潛藏著最大的力量。

「我覺得自己都定型了，還有機會改變嗎？」其實你自己心裡知道答案。你很想改變，只是需要一點肯定。

讓我分享一個不可思議的真實故事。

曼谷市於一九五四年都更，需要遷移一座寺廟。廟裡供了一座巨大的灰泥佛像，這尊坐佛足足有四公尺高，寬度也有三公尺多，長年設置在一個簡陋的鐵皮棚下，保存狀況不太好，搬運它想必也將費一番功夫。

果然，當工人吊起佛像時，表面開始龜裂。寺廟的方丈趕緊喊停，深怕佛像繼續受損。

那夜的雨下得很大，方丈難以入眠，拿著手電筒回去查看，赫然發現佛像表面有道裂縫開始崩壞，還掉了一大塊灰泥。他往裡面一看，嚇得跌坐在地上，趕緊跑回僧寮，喚醒其他的僧侶。

僧侶們拿著手電筒和工具，半夜趕來支援。在方丈的指導下，他們邊誦著經，邊沿著裂縫施工，不是修補，而是小心翼翼地鑿開多年來一直守護的佛像。

完工後，僧侶們圍在四周不斷地膜拜，感動得不可自已。原來，在這斑駁破舊的泥土表面下，這尊佛像竟然是純金做的！

被封為泰國三大國寶之一，也是世界上最大的金佛像，就是這麼被發現的！佛像重五．五噸，身軀的含金量四成、頭部八成、頭髮和髮結則是百分之九十九的純金；以現在的金價計算，至少值台幣七十五億。它應該是十三世紀素可泰時代鑄成的，不知何時被封上了一層陶土，並以這樣的狀態存放了至少兩百年，逃過了一七六七年緬甸侵略者的摧毀，還遷移過幾次，但竟然都沒有人發現它珍貴的真面目。

在灰泥碎片裡，方丈還找到一把特製的鑰匙。用這把鑰匙，可以將金佛拆解成九大塊，應該是為了方便搬運。顯然，這尊佛像的設計者是考慮周到的。

但到底是誰，又是為了什麼，把這無價之寶掩飾起來呢？歷史上竟然找不到任何紀錄。

簡直像電影裡的情節，不是嗎？

我特別喜歡這個故事，因為它就好比我們在創傷後，重新發現自己的過程。

我們都曾有個值得被疼惜的「真我」。就如同一個母親看著自己的寶寶，滿足地笑起來時，當一個人能夠實踐初心、接受真我，以致表裡如一時，是會發光的。

但隨著年齡，我們在真我的透澈體上，為了保護自己、也為了融入群體，而糊上了一層又一層的保護色，把自己變得平庸無奇。我們學會沉默、強顏歡笑，跟著大家做同樣的打扮、聊一樣的八卦話題。時間久了，我們也忘了自己原本的樣子。

那糊著灰泥的自己，逐漸變成了自己。我們守護著它，忘了其實背後還有個更堅強、發光的本質。但你又要怎麼知道、怎麼發現他的存在呢？

往往，就是當自己不得不面對挫折、被迫離開舒適圈、重重摔到地上的時候。

這時候，請仔細觀察自己的裂痕。

是的，你受損了，說不定以後永遠會帶著傷疤，但如果你能夠把這個遭遇視為認識自己的機會，沿著裂痕摸索，也許會發現有一股新的力量藏在下面。原來的自我認知崩壞了，原本安定的狀態不再，你最擔心別人會看到的脆弱，也包不住了。但你還活著，地球也沒因此而停止旋轉，反而覺得少了包袱、變輕了。

那感覺好比溺水了、沉下去了，放棄掙扎後，大吸一口氣，赫然發現自己原來是個兩棲動物！

這就是心理學所稱的「創傷後成長」（post-traumatic growth）：能夠在經歷人生亂流後，反而變得更加堅強。而能夠造成這種正向轉變，有兩個關鍵。

第一個關鍵是感恩的心。練習感恩的思維（例如平常寫感恩日記），能夠幫助你把遭遇重釋為恩典。

第二關鍵是信念。這個信念未必一定是宗教，而是一種對自己的信念。你要相信自己在世界上的存在，是有計畫和目的的。你未必需要清楚知道那個目的是什麼，但要相信，你才會持續尋找；尋找，也會成為你轉變的契機。

佛學有句名言：「心生則種種法生，心滅則種種法滅。」一切唯心而生。我們的念頭會改變外在的世界，也會改變外在的自我。**沿著裂痕勇敢地挖掘，你可能發現自己受傷的地方，也藏著你最大的力量。**

願你找到設計者為你留在心中的那把鑰匙。

十五分鐘，生死一線間

因為有一天我們都會離開這個世界，
所以更是要把握每一個當下、每一次相聚、
每一個簡單不過的一天。

那是一個秋高氣爽的早晨，我正在哈佛校園附近的餐廳吃早餐，看到一個人快步閃過窗戶，走路有點太快了。他轉身衝進早餐店，跟老闆不曉得說了什麼，老闆聽了大喊：「喔，我的天！」

我覺得不對勁，過去櫃檯買咖啡，想趁機旁聽。

老闆說：「咖啡送你，我今天不賣了！」

「發生了什麼事？」

「我朋友剛剛告訴我，兩架飛機撞進了紐約的世界貿易大樓啊！」

我跟著老闆一起跑去街對面的學生中心，那裡有個電視牆，遠遠看到一大群人在那裡圍觀，當我們靠近的時候，聽到所有的人大聲尖叫。畫面上，原本兩棟世界貿易大樓，現在只剩一棟了。

在那個當下，我突然想起：以前的大學室友李察，就在那裡上班！掏出手機，旁邊的人說：「試過，線路全斷了！」

我衝出學生中心，竟然直接撞見李察的弟弟，他當時還在念大學，一個一百九十公分高的壯漢，衝上來，抱著我泣不成聲。

我回到住處，看了一個多小時的新聞，才發現手上始終還握著那杯咖啡。咖啡涼了，手僵了。

事情發生後，我趕緊回到紐約，找到了一個機會，在曼哈頓臨時建立的「家庭援助中心」當義工。那是一個三千六百多坪的開放空間，有六十幾個攤位，專門協助受害者的親屬申請經濟補助，做心理輔導。

走進家庭援助中心，有個巨大的布告欄，上面貼得密密麻麻是家屬影印出來的海報，上面是親人的照片，寫著：失蹤（missing）。我們不能說「罹難者」，因為很多人聽到都會大喊：「他不是罹難者，他還沒有死！」

他們坐在折疊椅上，好長好長一個隊伍，我看到一名愛爾蘭籍的婦女，挺著大肚子，身邊兩個小孩繞著她轉圈圈。她先生是第一時間趕到現場的消防員，大樓崩塌之後，就沒了消息。

她對我說：「那天他出門前本來要抱我一下，但前一天晚上我對他不高興，所以，我背對著他，就聽著門這麼關起來了。天哪！請再給我一次機會！如果他活著回來，我發誓，我會緊緊抱住他，永遠不會讓他離開我！」

我只能握著她的手，靜靜地聽，想不出任何恰當的回應。教授警告過：面對受創者的情緒，輔導者必然會受到影響。

「你會希望對方不要受苦，但又無法承擔他們的痛苦，這時候你會變得很厭世，也可能變得很冷淡。這種『同情疲勞』會慢慢侵蝕你的意識，千萬要給自己一點喘息的空間！」

我沒有想到，同情疲勞，竟然會出現在自己的身上。每天去中心報到，聽了一個又一個故事，回家洗臉照鏡子，簡直認不出自己憔悴的樣子。那段時間，我發現自己特別愛哭。回家看到爸媽坐在那兒看電視，看到我當時還小的妹妹在做功課，我會莫名其妙地開始掉眼淚。

我以為自己瘋了！

但後來我靜下心來，細細咀嚼這個感受，探索背後的思緒。我覺得那不是疲勞，而是激動。我激動的是自己的家人安康、平安無恙。憑什麼我那麼幸運？憑什麼別人那麼不幸？我為自己的幸運感恩，但又感到愧疚；愧疚的又是什麼呢？愧疚自己沒有好好地活過？那也不合理啊！本來每個人的命就不同，我們不需要轟轟烈烈。能夠平凡中惜福，不要想太遠，好好地過每一天，不也就夠了？

那些突然失去親人的家屬，也都這麼感嘆：「我只要能夠與他，再過個簡單的一天。」

幾天後，我接到一通電話：「嗨，我是李察。我沒事，一切都好。」我當下罵了好多髒話，是高興地罵。原來他老兄當天上班塞車，遲到了十五分鐘，因此逃過一劫！

他說：「我以後再也不會抱怨塞車了！」

十五分鐘在一輩子算什麼？

十五分鐘可以是生離死別的差異。

這一輩子，我們可能有多少個這樣的十五分鐘？

其實很多，如果我們能夠活在當下（be present），好好地活，就是珍惜當下的每一刻。

李察現在住美國，我住台北，但是自從二〇〇一年起，我們每年都會相聚一次，連著好幾年，都是他搭二十幾個小時的飛機來找我，我回紐約也一定會找他。後來他結婚了，搬去佛羅里達，我們還帶小孩在佛羅里達的環球影城碰面。

每次見面都很歡樂，也很感恩。
每個悲劇都是教訓，讓我們越發珍視在一起的時間；
每個缺陷都是機會，讓我們可以用人間的愛去撫平。
每個相遇，即使擦身而過，都是緣分。
每次出門，都是離別；
每次回家，都是相聚。

就因為**總有一天我們都會離開這個世界，所以我們更是要把握每一個當下、每一次相聚、每一個簡單不過的一天。**

情緒是雲，你是那片天空

每一個思緒，
就像是划過眼前的雲彩，或說是短暫的氣象，
而你是天空，無論氣象怎樣變化，天空永遠在那兒，永遠不變。

過去這一年來，世界持續給我們加碼一連串的變化球，每天一起床就面對危言聳聽的新聞標題和疫情消息，身心長期處在備戰狀態，日常生活罩著一層隱憂，也難免會醞釀成焦慮。身邊不少朋友，雖然在網路上還是幽默風趣，但私下也承認，最近比較難控制自己的情緒，動不動就會感到低落、難過、消沉、害怕。

有個朋友說，最近總是不斷地在腦海裡重複想事情，整個人狀態變得

很差，半夜會醒來，醒了又很難再睡著。我叫他試試「正念冥想」，但他說：「算了，這在情緒起來的時候完全不管用，根本不能放空大腦！」我想在這裡回覆這位朋友，同時向各位解釋一個對「正念」最常見的誤解。

其實，正念冥想並不等於放空大腦，也不是要排除負面思緒，反而些微相反——你不需要抗拒腦海裡浮現的任何念頭。在我的解讀中，正念（mindfulness）的「正」不是「正向」，而是「正視」。這個「正」的概念是，我們需要「正視」自己的念頭，而不是迴避它們。

當我們被一些事情觸發到、刺激到，導致情緒失控時，我們的狀態所帶來的困擾，很可能會超越激發困擾的事情本身。這種揮之不去的感覺，使我們整個人都深陷其中。而當我們想去控制情緒的時候，會發現它就像是一頭猛獸，占據了我們的思維。

這時候，情緒本身，就是當下最大的問題。

而理性的大腦總是慢吞吞地跟在情緒後面，甚至被拖著跑，此時就更不能用理性告訴自己：「暫停！」（Stop! Time Out!）——因為根本做不到！這樣下去，反而會讓你整天處在感覺自己失控的狀態，很不開心。

我所推崇的正念冥想，是一個與情緒共處的好方法。但做的時候，別一直告訴自己：想法快躲開，念頭快消失……你必須先找一個**「錨點」**，**也就是讓自己的專注力可以鎖定的對象**。許多冥想技巧會要你專注在自己的呼吸上，或微微瞇著眼睛，呼吸時盯著自己的鼻尖，或當你徐徐吐氣的時候，專注在空氣通過嘴唇，那微微震動的感覺。

當你把所有的專注力都放在一個非常微小的、身體上的感覺時，你其實是處在一種高度專注的狀態。這時候大腦不是放空，而是有點像撐起意識帳篷的一根柱子。與此同時，很多思緒還是會不斷地進入腦海中；重點來了——在這情況下，**請「接納」它們，不帶任何批判地接納**。

你可能突然又會想起那熟悉的、不好的感覺，開始胡思亂想，但當這樣的雜念出現時，你要做的不是驅趕它們，而是在心裡對著每個念頭說：「ＯＫ，我看到你了。」專注力依舊放在錨點上。看著你的情緒，任憑它聚散，注意力卻不在那裡。

你會發現，即便一個念頭來勢洶洶，但當你說：「我看到你了。」然後再回到錨點上，這樣持續幾秒後，念頭就會像一團煙一樣自己消失了。這是一個非常奇妙的感覺。長期練習正念的人這麼形容：「正念冥想就像是，當你盯著天空的某一個點，你會看到雲朵緩緩飄過面前，但是你並不專注在任何一片雲朵上。」

每一個思緒，就像是划過你眼前的一片雲彩，或說是一個短暫的氣象，而你則是天空，無論氣象怎麼樣變化，天空永遠都在那兒，永遠不變。因此，如果要求冥想時完全放空，就好比你希望抬頭看天空的時候，天空上空空如也，或期望著一陣強風，把所有的雲朵吹散，天空倏忽之間一片澄澈，但這顯然是不可能的事。

天上總會有雲，但你才是天空。接受這些雲，專注在呼吸和錨點上，等思緒慢慢飄過。你會發現，其實情緒的起伏並沒有那麼可怕，你也逐漸可以跟自己的情緒作伴了。

生活中必要的修練

新冠肺炎的疫情打亂了各種節奏，但也提醒了我：
獨處、靜觀反思、運動、閱讀、行走……
這些原屬於日常節奏的「休止符」，
才是生命中最重要的樂曲。

在以前的生活節奏中，我平均一個半月會出遠門一次，每次三～五天，也就是每六個星期左右，會有幾天住在外地。

出差是一種辛苦，但也不是沒有好處。我後來不但習慣，也開始期待開了一整天的會、應酬結束、回到安靜的旅館房間裡，打個視訊回家跟老婆孩子說晚安，然後開個電視、放個熱水澡、在睡前享受一兩個小時的獨處。但那種寂寞的異鄉情境，在二〇二〇，一整年沒有出現過。

伴隨著同樣的節奏，每次要趕飛機的前一晚，我會好好把書桌整理一番，把該付的帳單付了、該回的信件回了、該碎的紙碎了、把看一半的書放回架上。也怪我自己平常沒整理，所以每次出門前都很趕，讓我不免有些自責。但同時，我也習慣了這種節奏，甚至期待每六週左右來一次的「大掃除」，讓我能熬個夜，好好把待辦事項梳理一番。

今年，我發現自己站在書房門口，雙眼掃視著從桌面堆到地上的雜物和紙張，心中充滿了焦慮和不解。

「怎麼會亂成這樣？」我問自己。

我意識到，書房會堆積成這樣，是因為少了那定期的大掃除。而心情會那麼焦慮，是因為許久沒有讓自己好好獨處。我把那些該做的事，綁在一個生活節奏上。這個節奏亂了，我也跟著亂了。

不知道今年，你是否也感受到類似的節奏錯亂？

有個朋友告訴我，他之前都搭捷運上班，每次戴著耳機聽 Podcasts，每天來回一個小時，剛好聽一集。後來疫情變嚴重，海外公司總部宣布所有員工要遠距上班，他一開始最不適應的，就是沒了那通勤的過程。跟其他人擠在車廂裡搖搖晃晃，沉浸在自己的世界裡，反而對他來說，是個很重要的生活儀式。所以後來他無論如何，每天早上還是戴著耳機出門散步，模擬那個通勤走動、聽著 Podcasts 的生活節奏。

人是習慣的動物，習慣構成了我們的日常。根據研究，人類一天的行為有大約四成屬於慣性。當原本的習慣改變時，我們在適應期間，也可以問問自己：**有什麼習慣，是不能隨著節奏改變而跟自己妥協的？**

例如當我發現自己需要時間清理和獨處，就特地跟老婆小孩「請假」，讓我每幾個禮拜，有個能全然自理的週末日。我可以不出差，但我需要出差般的抽離時間。老婆雖然給我一個怪怪的眼神，但還是答應了。

最近讀了一篇美國作家萊恩．霍利得（Ryan Holiday）的散文，提到「習慣」和「修練」的差別，他說：「早上六點起床看新聞喝咖啡，是一種習慣，但每天早上獨處靜觀則是修練；在同一個時間吃飯是習慣，但選擇吃得健康是修練；早上的 CrossFit 課程可以養成習慣，但天天健身，則是一輩子的修練。」

差別在哪裡呢？**就是習慣與節奏的關係。**

習慣是可以半自動執行的行為，但很依賴節奏；修練則是終身的追求，所以可以靈活。你不會因為生活節奏改變而停止進修、停止寫作、停止冥想，如果它們真的對你夠重要的話。如果你真的把它們當成一種修練，即便節奏斷了，你還會創造自己的節奏，甚至變出更好的節奏。

例如你早上習慣給自己泡一杯咖啡，端著咖啡看著窗外想事情，還買了上好的義式咖啡機。但有一天咖啡機壞了，你就去咖啡店買咖啡，直接帶去辦公室，但喝起來感覺就是不對。後來才發現，原來你真正嚮往的，是那個端著飲料、看著窗外、先計畫一天的安靜思考時間；咖啡不是主角，而是配角。

你嘗試把咖啡換成茶，端著那杯熱茶看著窗外，慢慢讓自己甦醒，發現效果竟然更好！於是你又更認識自己了。你以前會說：「再忙也不能沒有早上那杯咖啡！」現在則告訴自己：「再忙也要早上有一點思考的時間。」咖啡是習慣；思考是修練。

這次的疫情打亂了各種節奏，但也提醒了我：獨處、靜觀反思、運動、閱讀、行走……這些原本夾在忙碌工作之間，屬於日常節奏中的「休止符」，其實才是生命中最重要的樂曲。工作可以變、生活節奏可以變，但為了自己的喜悅和成長，有些時間還是必須爭取，有些修練還是必須堅持。你呢？**認清了自己生活中必要的修練，你會更快樂。**

痛點，就是認識自己的起點

無論是心理或身體的代償，都有同樣的特點：

當事者不會意識到自己在代償。

痛點，應該很明顯地告訴你付出了什麼代價。

理解之後，為自己開始調整吧！

最近訓練路跑，舊傷復發，趕緊去復健診所報到。

物理治療師叫我前彎後仰、單腳站、走直線……全拍了下來，然後一邊回放，一邊解釋：「你看，這裡很明顯，你在代償。」

何謂「代償」？

肌肉代償，就是當我們在進行一個動作時，原本應該啟動的肌肉無法正常作用，或力氣不足，必須徵召周邊其他肌群借力支援來補償功能的現象。平常可能都沒什麼問題，但日積月累下，或在較高強度的運動訓練中，就會出現狀況。

比方說，我的右腳有輕微的足弓塌陷和拇趾外翻。每次踩地時，右腳和小腿都會稍微往內旋，造成重心稍微不平衡。在跑步時，我的右腿股四頭肌會稍微多用力蹬一下，把重量盡快轉回比較穩定的左腳。這樣可以維持正常前進，但左側就會有些肌群使用過多，右側有些使用不足。雖然這些差距很微小，放慢了動作才看得出來，但乘以上萬次的重複，就導致每次跑步後，髖關節附近總是會有一些奇怪的疼痛。

「所以是我使用身體的方法不對？」我問。

治療師看著我，口罩上方的眼睛沒露出什麼表情：「其實你應該先感謝自己的身體才對！你決定要跑，大腦就會協調肌肉來完成指令，只不過這種自動的代償會加速筋骨耗損，所以你現在才會來找我。」

我突然覺得物理治療師講話跟系統工程師很像。

其實在心理層面，人有各種行為，也能稱為「代償」。舉例來說，一個人小時候常受長輩批評，總覺得自己不夠好。後來長大了，即便很有成就、當了主管，但為了掩飾自信的不足，反而對下屬特別地霸氣。他試圖用威嚴來補償內心的缺陷，讓身邊的人都不敢挑戰他，但這也造成了自己留不住人才，成為管理痛點。

家庭也有代償作用。一位媽媽緊抓著自己的孩子不放，對他們照顧得無微不至，但這滿滿的愛，是否代償的是婚姻的不幸福？先生一天到晚加班，即便沒在外面亂來，但瘋狂地工作，真的是為了多賺點錢給家裡？還是因為自己根本就不想回家，而加班只是合理的代償？

行為經濟學者也觀察到一種現象：當人們意識到自己的能力或地位有所不足時，可能會開始大手筆地消費，購買那些能夠象徵性彌補缺陷的物品。這現象有個專有名詞——代償性消費（compensatory consumption）。想像一名中年發福的男子，突然買了一輛有點太貴的超跑，大概就能理解這個名詞的意思了。

無論是心理或身體的代償，都有同樣的特點：就是當事者不會意識到自己在代償。為了完成一個動作，例如舉高一組啞鈴，如果肩膀力氣不足，那頸部、腰部、背部的肌群都會馬上跳進來協助完成這個動作。那麼複雜的肌肉協調，竟然都能「自動發生」，這也顯示了大腦的奧妙啊！同樣地，我們心理的代償，往往也是一連串複雜的決定，但一切發生在潛意識，我們不但不清楚原因，還會找各種藉口來自圓其說。

回到治療室。

「那該怎麼辦呢？」我有點著急，畢竟下個月就有路跑比賽了。

物理治療師慢條斯理地回答：

「一，要了解自己的弱點在哪裡，接受這些弱點，並了解自己為此而做了什麼代償。二，要放慢速度，學習正確的動作，這時候可能會需要激活原本沒在運作的肌肉，一邊做一邊觀察，抑制之前的慣性。三，經過反覆練習，讓大腦熟悉了正確動作之後，再整合到『功能性動作』，也就是平常的運動中。四，要定期檢視，並要持續強化原本被忽略的肌群。」

其實，矯正自己的內心代償，也是一樣，只要把「肌群」替代為「思維」，以上四個步驟同樣有道理。我認為**萬事起頭難，最重要的就是第一步：了解，並接受自己的弱點；了解自己為此做了什麼代償，並付出了什麼代價**。

什麼代價？你的痛點，應該很明顯地告訴你是什麼代價。有了這「身心合一」的理解，我很期待為自己開始調整了！

物理治療師說：「好！那我們開始，就先來訓練你的最大弱點：右側的臀大肌。」

「什麼？那是我最強的部位吔！你看我屁股那麼翹！」我反駁。

物理治療師冷冷地看著我，沒說什麼，但我感覺到她內心的話：「你只是自己這麼認為而已。別再代償了！」

「喔……好吧！」我說。

別讓自己的善良變成內傷

不要把世界的痛內化為己有。
讓我們管理好自己能控制的範圍，
也多關心身邊的人……

二〇二〇年，所有提早離開我們的名人中，打擊我最深的就是謝家華。

謝家華是誰？大家可能比較知道他的英文名字：Tony Hsieh——Zappos的創辦人，媒體俗稱的「鞋王」。

為什麼影響我最深呢？他是我哈佛的同屆同學。

當年，Tony 住的 Quincy House 就在我宿舍旁邊。那間宿舍的特點就是有許多很用功的亞裔學生。他經營宿舍裡的小吃店，我們有過一面之交，但不能算認識。

Tony 畢業後，很快就成為了我們這一屆的傳奇人物。二十四歲的他把自己的第一家公司賣給微軟，賺了兩億多美元。還沒第一次同學會，他就已經有財力退休了，但他接下來反而投資並投身經營 Zappos 網路鞋店，差點賠掉老本，苦撐幾年後反虧為盈，後來以十二億美元賣給 Amazon 並留任執行長，讓他正式成為矽谷家喻戶曉的明星。

憑著一股良心生意人的信念，他在 Zappos 打造了前所未有的客戶服務和企業文化。他把員工當家人，也鼓勵員工把客人如此對待。Zappos 關心的似乎不是賣鞋子，而是盡可能地讓客人滿意。對於大部分遵循互惠原則的消費者來說，Zappos 很快就成為無比信賴並願意向所有親朋好友推薦的網路商店。

Tony 成了管理界的一代宗師，經常登上雜誌封面，著作穩坐《紐約時報》排行榜。他帶著一群門徒搬到拉斯維加斯，振興了原本沒落的下城，常去內華達參加沙漠裡的火人祭，平常住在露營車裡，寵物是一頭草泥馬。他過著一種無比瀟灑的生活：暴富但純樸、自由又古怪、永遠在打破規則，也處處在為他人實現快樂。

以我看來，他不但已經到了馬斯洛需求金字塔的最頂端，還在金字塔上倒立向八股的社會做鬼臉。直到他意外去世的消息，傳到我們同學群中。

一開始，新聞說是豪宅大火，後來聽說房子完好無缺；接著又聽說Tony不在屋內，而是在旁邊的工具棚，裡面有許多蠟燭，疑似吸入過多濃煙……整個案件越來越離奇，接著就出現了富比世雜誌的長篇報導，訪問他身邊二十位親近好友，揭開他過去一年的崩解狀態。

身邊人士表示，Tony 本來就很愛辦派對，但隨著新冠肺炎的疫情越發嚴峻，他的酗酒問題也變得更嚴重，還開始使用迷幻藥和笑氣。漸漸地，Tony 開始與原本的摯友圈疏遠，身邊反而出現一群縱容他行徑的朋友——他還付他們高薪，讓他們住他的房子，與他一起「尋找快樂」。

富比世雜誌和接下來的報導，一再使用同個關鍵詞來形容他的遭遇：tragedy 悲劇——他少年得志，實現了美國夢，最後也喪於這場夢的倒影，留下將近八億美金的財富，但沒有遺囑。

我與 Tony 不熟，沒有立場揣測他內心的狀態和動機，但我不免想起身邊認識的朋友們。尤其有一位算相當熟稔的，他為人慷慨、態度瀟灑，也很愛飲酒。每次都會大方招待任何前來聚會的朋友們，把大家統統灌醉才盡興。但他每次喝醉後，都會私下抱著我哭，說他感受到世界上有太多的不公平和痛苦，讓他很難受。他有滿滿的愛，卻不知道如何表達。

我很能體會這種感受。我有時候也會因為看了負面新聞而憂鬱一整天，太多的壞消息讓我全身無力。這種無力感，就是外在的負面情緒被內化，成為了自己的痛。內化的情緒容易導致身體的痛感，再加上睡眠問題，便構成心理諮商師所謂的「不快樂三部曲」——這就是一種慢性內傷。

我相信 Tony 是個心地善良的人，也許太善良，善良到把世界的痛內化為自己的痛。我不禁懷疑，若我也有八億美元身價，又能買通限制，是否也會走上越來越極端的行徑，逐漸偏離現實？

我們都剛度過一個充滿遺憾和挫折的考驗。眼前是個新希望，但世界還有很長一段時間才會復原。我只是希望提醒大家，**不要把世界的痛內化為己有**。讓我們管理好自己能控制的範圍，也多關心身邊的人，包括那些總是笑臉待人、平時當大夥兒的開心果、充滿正能量的小太陽們。

另一位同學在校友留言區寫道：「那些給予最多的人，往往也需要最多，唯有自己說不出口。」

今年，**無論好與壞，讓我們練習說出來吧。不要讓自己的善良，變成內傷**。

人生就像觀看一場演出

我們之所以來到這個世界，
是為了看一場人生精彩的演出，
而不是為了坐在一個最好的位置上沉沉睡去。

一個舉世聞名的魔術劇團來到某個鄉下小鎮巡迴表演。因為劇團表演需要的人力實在太多，於是他們在當地招募了臨時工。臨時工除了可以領到酬勞外，還有些特殊待遇：做滿三個小時就送一張外場的票；做滿六個小時就可以入場看表演；若是做滿一整天，就可以得到最前排、最中間的票，也就是整個劇場中最好的位置。

難得可以看到這麼新鮮的表演，再加上當臨時工不僅可以賺到工錢，還能看到免費的世界級表演，讓鎮上的許多人對臨時工的職缺躍躍欲試。

其中，一對家境貧窮的小兄弟決定一起工作一整天，換張最前排的票。於是，他們就開始了辛苦的前置工作——幫忙架燈光、掛布幕、抬音響、搬這個搬那個，甚至幫忙打掃、跑腿，一刻都不停歇地幹活，也沒時間吃東西。到下午時間，兄弟倆已經十分疲憊，但是看表演的信念支撐著他們，希望得到最前排、最中間的位置。

到了晚上，兄弟倆終於在辛苦的勞動後達成目標，如願拿到入場觀賞演出的門票。進場後，他們筋疲力盡地坐在第一排最中間、最好的位置，不過，卻已是滿身塵土，手上滿是因為搬重物而留下的水疱。

終於，主持人出場，表演開始，全場歡聲雷動，而這兩兄弟卻在觀眾的掌聲中沉沉睡去……直到表演結束，觀眾都散去，劇場也關閉了，他們還是在位子上沉睡著……

這故事，是不是挺讓人心酸的？兩兄弟忙碌了一整天，就是為了享受一次難得的表演，可是，在完成任務之後，他們卻因為太過疲憊而錯過精彩的演出。

但，這不就是許多人的人生寫照嗎？許多人，包括我們自己，都常因為太希望達成某個目標，所以拚命工作、拚命追求，就這樣庸庸碌碌了好多年。最後，在應該享福的時候，才發現自己身體出了狀況，或是老了、走不動了。

這個世界很精彩，就像世界級魔術劇團的演出一樣，我們每個人，都渴望能坐在最前排、最中間的位置觀賞演出。

其實，不只是因為這場表演夠精彩、不容錯過，我們也不斷在鞭策自己：一定要盡最大的努力，拿到「最好」的那張門票，一定要爭取坐在第一排最好的位置觀看這場演出。

為了達成目標，我們拚命幹活、不知道休息，想著自己年輕力壯，苦一時不算什麼，直到身體不堪負荷、疲累不已的時候，終於，拿到那張夢幻的門票。

可是，人生走到這一刻，卻發現自己已經心有餘而力不足了。也許是老了、也許是因為長期疏忽身體的警訊所以得了不治之症、也許是單純沒有力氣去享受了……

這是多麼令人惋惜的一件事，雖然努力拿到了入場券，又拚了命取得最好的位置，可是，我們卻再也沒有精力和心思去欣賞演出了！

現在，看到許多年輕人為了買房、買車，或是為了在大城市穩定生活，付出好多心力。曾經看過一些報導，這些人的經歷令我心疼，為了工作總是加班到半夜十一、十二點，從沒時間好好吃飯、好好睡覺……我們都應該督促自己努力追求想要的目標，但是，我們也必須知道——

人生的目的，並非只是為了坐在最好的位置而拚命，而是盡了心力後，還可以盡情欣賞每一場精彩演出。坐在哪個位置，其實一點也不重要，重要的是你欣賞到了。

每個人都在為自己的目標努力，如果有一天，你感覺累了、不堪重負了，請暫時停下來吧！無論是想休息，還是想重新衡量人生定位，都是很健康的過程。

追求目標很好，但關懷自己，給未來一個健康、快樂的自己也很重要。記住，我們之所以來到這個世界，是為了看一場人生精彩的演出，而不是為了坐在一個最好的位置上沉沉睡去。

對一切都說「好」

或許你會發現，放下內心的排斥感，
對一切說「好」，好像也沒有什麼不好，
可能還收到了對方的正面回饋，
讓自己更加自在，心理也變得更放鬆了。

「劉軒老師，我覺得自己有一個問題，就是遇到事情總是有抵觸心理，就像最近主管安排一些工作給我，我也知道該我分內的職責，但就是不想做。在家裡好像也是這樣，老公想請我幫個忙，總是覺得心煩。這種心態是不是不太對？要怎麼改呢？也不知道是為什麼有這種心態，請老師幫忙分析一下吧！」

我覺得，如果是偶爾的情緒波動，或者遇到讓你憤懣的事情，導致心緒難平，沒法平和地面對其他人，那麼這期間的「一時爆炸」倒不必太在意，自己意識到了，下次控制一下情緒就好了。

但如果這種「排斥感」已經成為習慣，遇到什麼事，第一反應都是拒絕和否定，那就真的要好好反思和調整了。

首先想一想，這種習慣性的「排斥感」，給自己的學習、工作、人際，帶來更多益處了嗎？如果沒有，可否在為人處世中，「選擇停止」這種心態呢？因為，這可以是一種你的選擇，而不只是本能反應。

第二，想想是什麼時候形成了這種心態。是青春期？上大學？開始工作後？經歷一次感情失敗？一般來說，我們心態的重大轉變，往往發生在人生的「轉捩點」。如果有那麼一個事件，從那個時候開始，你的人生故事有了什麼重大變化嗎？是變得開始要保護自己，更自我中心了？還是想要「懲罰」什麼？

當現在的你回頭看當時的變化，有必要讓它繼續對「現在」產生影響嗎？還是可以選擇停止，結束過去的心態，開啟一個新起點？

想給自己一個行動挑戰嗎？**提供你一個好用的心理訓練，叫「對一切都說好」**。

和自己約定一個時間段，比如一個小時或一個下午，不管遇到什麼事情，都先說「好」。比如，同事跟你說：「可以幫我影印一份檔案嗎？」就算你很不想幫忙，也要說「好。」然後去做這件事；另一半跟你說：「幫我從冰箱拿瓶可樂。」不要反駁：「為什麼自己不去拿？」而是說：「好。」然後去拿。不小心灑了一杯水、誤刪了電腦裡的檔案，或是沒有搶到優惠券，你都說：「好。」然後再去補救。

在這段時間裡遇到的所有情況，只要沒有對你自己或他人造成危險，那麼，就以肯定的態度，對所發生的一切都說「好」，然後接受它們。

與此同時，你也觀察自己的心理變化，從排斥感升起，到肯定了對方，再看到對方的反應，以及你內心的反應。還有你的身體變化，當對方向你提出要求，或者遇到什麼情況時，你是否肌肉突然緊張，會有收縮或抱臂的姿勢，或者不自覺地頭偏向一邊。當你肯定了對方之後，自己的身體又發生了什麼變化。

幾次這樣的訓練之後，或許你會發現，放下內心的排斥感，對一切說「好」，好像也沒有什麼不好，沒有發生讓你不舒服的事情，也沒什麼不安全，可能還收到了對方的正面回饋，讓自己更加自在，心理也變得更放鬆了。那麼，就嘗試在更多的時間裡，對更多的事情來說「好」吧。

意識到問題的存在，就是改變的開始。一種心理習慣的養成，非一時之功，想要改變它，也需要一段時間的「刻意練習」。但只要有了切身的「經驗」，就會像打遊戲時累積的經驗值一樣，會讓你在某個時刻，能夠徹底突破，以更加正向的心態來面對自己、面對人生。

我們需要的不是極簡，而是鮮豔

對於還處於謹慎，設法從寒冬中復甦的我們來說，
「快樂」或許太遙遠，
但我們總是可以在生活中，尋找一些「喜悅」！

阿爾巴尼亞的首都地拉那（Tirana），曾是歐盟最貧窮的城市。不但市容破舊不堪、垃圾堆積如山、陰暗的街角充滿著危險、家家戶戶都裝著鐵窗，許多市民連稅都乾脆不繳了。歐盟政府和世界銀行也把地拉那當作一個不得不理睬，但寧可忘掉的地方，每年撥給城市的補助金費根本做不了什麼事。

但在二〇〇〇年秋天，地拉那市一棟斑駁的水泥樓房，突然被漆上明

亮的橘色，與四周的灰色市容形成強烈對比。市民們紛紛跑來圍觀，對這個奇景目瞪口呆。

這項工作，是在當時剛上任的市長埃迪・拉馬（Edi Rama）指令下進行的。

埃迪在從政之前是一名畫家。他說：「我想運用色彩，復興在我的城市所失去的希望。」

不是每個人都領情。負責補助金的歐盟官員得知後，命令埃迪立即終止粉刷大樓。他的理由是：這個顏色不符合歐盟標準。但埃迪・拉馬反駁：「你看看這個城市，這裡的環境也不符合歐洲標準啊！」

而且他做了民調，發現大部分的居民喜歡這個顏色，就連不喜歡的人也有一半表態：「請繼續做！」

於是市長堅持他的政令，陸續把市區的樓房漆成各種鮮豔的顏色，還邀請國際畫家前來繪製巨大的壁畫。然後奇蹟發生了——

街上的人變多了，隨地亂丟的垃圾減少了，居民開始把窗戶上的鐵窗拆下來。這個效果繼續蔓延，更多樓房漆上新的顏色之後……失業率降低了，市民的笑容回來了，市政府的稅收竟然也增加了！

色彩繽紛的地拉那是個城市再生的成功案例。為此，埃迪．拉馬獲得了二〇〇四年世界市長獎，後來，更成為阿爾巴尼亞總理。

他說：「牆上的油漆既不能養活孩子，也不能照顧病患或教育無知的人，但是它給了人光明和希望，並幫助人們看到一種不同的可能、不同的精神、不同的生活感觸。如果我們能用同樣的能量和希望從政，我們就能為彼此、為我們的國家創造更好的生活。」

顏色有能量。繽紛的顏色給人帶來精神，粉色調讓人感到祥和、平靜，深色系顯得沉穩；我們不需要懂色彩心理學，直觀就能感受到。但我們是否能從被動接受，到主動、有意識地規劃自己的色彩環境呢？

之前看的一本書《喜悅的形式：張開發現美好的眼睛，世界就是最取之不盡的歡樂來源》，就以地拉那的案例，講到我們如何透過一些微小的行動，在生活中製造喜悅的感覺。例如：運用色彩給自己一點精神、運用玩心和巧思來設計身邊的空間。作者說，房屋設計的當前趨勢是「極簡主義」，也就是相信「少即是多」；當然，這樣看起來很簡單、很乾淨、很有「禪味」，但極簡主義也象徵著一種壓抑——一個清水模建築的簡約線條、一個工業風的玻璃和鋼鐵空間可以很整齊，但也很拘謹。

「拘謹」可以說是我們過去這些日子的心態縮寫。我們拘束自我、凡事謹慎以待，但一段日子下來，我們缺少了交流、缺少了互動，也缺少了活力。許多人因此感到不快樂，甚至懷疑在這一片蕭條之中，快樂究竟有什麼好處。

或許，對於還處於謹慎，還正在設法從寒冬中復甦的我們來說，「快樂」這個詞顯得太遙遠，但我們總是可以在生活的四周，尋找一點「喜悅」吧！

相較於快樂的「大」，喜悅可以很小、很輕巧。它可以很短暫，短到平時忘記注意它，但在這時候，我認為喜悅尤其重要。我們需要喜悅來激活自己的靈魂，來喚醒一些活力，讓我們能從今年這灰色的開始，綻放一些色彩。

也許，就從色彩開始吧！換張鮮豔的床單、買個鮮豔的抱枕放在沙發上、出門時戴個鮮豔的配件。如果你居家或工作的環境是極簡風，那就擺幾個顏色繽紛、樣式衝突的物品進去。就像一盤炒青菜上放一小根紅辣椒，雖然是「點綴」，但也是調味。

用色彩和玩心製造一點喜悅，挑起心情的味蕾吧！我們現在需要的不是極簡，而是鮮豔！

當你的未來懸在空中時

給自己一點安靜時間，
盤點過往經驗、優勢、興趣，
設計一套適合自己、也真心喜歡的度量衡，
以此為基準，闢一條屬於自己的人生道路。

二〇〇九年有部電影《型男飛行日誌》（Up in the Air），喬治．克魯尼飾演雷恩，專門幫客戶公司開除員工的「職業轉換顧問」。他的搭檔是安娜．坎卓克飾演的納塔莉，野心勃勃，有高學歷但欠缺社會歷練的年輕職員。

納塔莉覺得雷恩是過時的恐龍，而雷恩覺得納塔莉是個不可一世的菜鳥，兩人互相看不對眼，老闆就叫雷恩帶納塔莉去見識實際的解聘過程。

「鮑伯」是一位剛收到解聘通知的職員。在辦公室裡，他秀出兩個孩子的照片，滿臉無奈地問：「你叫我怎麼跟他們交代？」

納塔莉說：「也許你低估了職業轉換的正面效應。」

鮑伯立刻怒斥：「去你的！」

納塔莉被嚇到了。這時，雷恩說：「鮑伯，我不是心理醫生，我是來喚醒你的人。你知道為什麼孩子們都愛運動員嗎？因為他們勇於追求夢想。」

鮑伯：「我不是灌籃高手。」

「但你會做菜！你的履歷上寫，副修是法式廚藝，還曾經在高級餐廳打工賺取學費。但你大學畢業後，卻來這裡工作……」雷恩身體往前傾，看著鮑伯：「告訴我，他們付了你多少錢，讓你放棄那些夢想？你什麼時候才會讓自己停下來，回頭做一些讓你真正快樂的事？」

鮑伯的表情軟化了。「這是個好問題。」

雷恩展現了他的高情商，兩三句就挽救尷尬的場面，還撫平了鮑伯的情緒。雖然是電影，卻有很真實的共鳴。

我曾解聘過員工，也有員工離職跳槽。每次的離別談話都很理性，但也總是沉重。無論多麼公事公辦，與人相處了一段日子，總是會有點憂傷，對自己也是一種打擊：我是否做錯了什麼？他會不會難以釋懷？我是否根本不應該聘他？

你很希望跟他說：「這或許對你會更好！」但怎麼說都顯得虛偽。

聊到這部電影，有個朋友講到自己的經驗：「我五年前被解雇時，老闆也跟我說了這麼一段『你一定會很好』的狗屁話。後來證明，這的確是件好事，因為那筆遣散費剛好讓我能投資新事業。當然我也很幸運，有足夠的人脈和學習背景，身邊許多同事就沒那麼走運。」

確實，我覺得好話誰都能說，但是否能真正「往好處想」，也得看當事人是否有足夠的準備和選擇。

當鮑伯說「我要怎樣跟孩子交代？」時，納塔莉過於理性的一句「也許你低估了職業轉換的正面效應」，對於一個已經徬徨的人來說，可以說是火上澆油。但雷恩避開「未來」，把焦點放在「過去」；他從鮑伯的履歷看出他之前對廚藝的投入，便用這點對話，提醒他「你曾經有這個夢想，也做了相對的準備，為何不試試看？」

我們安慰失業的朋友時，要理解他們的情緒很可能來自於對未來的徬徨和失望。如果他們已經把未來設想得很糟，叫他們怎麼轉念都是廢話。但或許我們能換個角度，跟朋友一起盤點過去的準備、學習、成就，喚起他的信心，說不定還能幫他挖出一些快忘掉的夢想和初衷。

若你需要安慰的是自己，對未來充滿焦慮時，不妨回頭想想：在人生路上有什麼學習和經驗是能派上用場的？你是否也曾像鮑伯一樣，為了一份薪水而收起自己努力過的計畫？我們當然希望自己在轉換跑道時，能越來越朝著夢想的道路靠攏。

如果你沒有興趣、沒有專長，最好就開始找！最起碼，你活到這麼大，一定有些經驗，無論是工作經驗或是人生歷練，都可能有些價值，但你必須先細細盤點，從中尋找共通點和關聯性。就如賈伯斯在史丹佛大學畢業典禮致詞所說：「你不能連起未來的人生點滴，只能連起過去的，所以你必須相信所有的經歷某一天會連在一起；管他叫直覺、命運、因果、人生……你必須篤信它會實現。」

未來的科技，建立在過去的研究；未來的產業，建立在過去的基礎。或許要拆解重組，但沒有東西是完全從零開始的。

當你的未來懸在空中時，不妨先試試看，給自己一點安靜時間，盤點自己的經驗、優勢和興趣，設計一套適合自己的個性、也真心喜歡的度量衡，然後以此為基準，闢一條屬於自己的人生道路。

探索過去的經驗，建立未來的夢想。設定一個可行的目標，深吸一口氣，然後……重新出發！

第2章
— Balance —

失衡是必然，接受也是平衡

做事做人，都不可能面面俱到，
最怕的是什麼都想做到滿分，
結果什麼都沒做好。
既然失衡是必然的，我們是否能擁抱失衡的狀態呢？
從搖擺中找到另一種自在！

向更好的自己出發

一次次的冒險，為生命注入活力和能量；
在一遍遍的努力、突破中，
我們實現了更好的自己！

打開社群媒體，你會不會和我一樣，滑過一個又一個旅遊冒險故事？那些踏過中南美洲雨林的步伐，深入原始部落記錄的鏡頭，還有描述海拔三千五百公尺的高山上，空氣如何稀薄到呼吸都要格外費勁的文字。這些遠遊都帶著冒險因子，為旅人帶回一些老的時候可以下酒的回憶、故事。

螢幕另一頭的你是否也曾渴望來場冒險？渴望一趟看見壯闊風景的探

險？甚至你可能已經在為自己策劃一場出走的壯遊。

「但人，到底為什麼會渴望遠行和冒險呢？」

可能是因為夢想，你在小時候曾經指著地圖說：「長大以後我要去這裡！」也可能是因為在挑戰體能極限的過程中，感受到心理學家米哈里・契克森米哈伊（Mihaly Csikszentmihalyi）所提出的「心流」（flow）——一種全心投入、專心一志、沉浸在當下的心理狀態。

這在在都顯示，一場真正以挑戰自我為目標的冒險不是因為旅人不珍惜生命，而是他們在追求著馬斯洛「人類需求金字塔」的最高點——**自我實現**。

出發，是為了更接近每個人心中想望的自己。

二〇一八年，知名極地運動員陳彥博和遊戲橘子創辦人劉柏園、演員宥勝及兩位二十歲青年：林語萱、吳昇儒，一起用越野滑雪的方式，抵達地表最南端——南極點。

南極和我們所居住的地方，完全是兩個世界。

帳篷外是零下三十度的超級低溫，連帳篷內也是零下十八度的凜冽；時速百公里的暴風不間斷，每向前一步都要用盡吃奶的力氣；看似平緩的雪地中卻藏有著冰隙，一不小心就可能失足跌落深淵；空氣稀薄，幾乎等同於身處海拔四千公尺的高山，每吸一口氣都格外費勁。

除了體能挑戰，一趟冒險也考驗人的心理韌性。出發前他們必須徹底理解最壞的打算，聽著在這種極端情況下可能出現的風險和曾發生的狀況（比如：極地挑戰選手在零下五十度的環境下凍傷而需要截肢）。

即便如此，他們仍然堅持負重五十公斤前進南極點。

路程中，跌倒、疲憊、凍傷都是家常便飯，難上加難的是變化莫測的天氣：原本還是大太陽，短短幾分鐘內就可能天氣驟變，風雪大到很難看到前方的隊友。

經過三十天冰天雪地的嚴峻路程，他們終於攜手完成這趟極地探險！陳彥博也替這場冒險下了個定義：「冒險的浪漫之一，就是找到改變的態度與決心，成為更好的自己。」

這趟長征南極是一場別具意義的冒險，至少之於長征隊員絕對是一個意義非凡的歷程。但每個人的體能、財務狀況都非常不同，難道一定要登上最高峰或穿越極地、沙漠才算是冒險嗎？

其實不一定。登山探險家梅特・沃爾克（Matt Walker）就曾分享他對於冒險的定義，不是非得要去到什麼人煙罕至之處。

冒險的核心意義是：**一個人面對前方的未知，依然願意全心全意投入，並用一顆開放的心去學習及參與其中。**

沃爾克也分享到，一個嘗試（無論上山下海抑或是每天的小探險）只要滿足以下五種元素，就足以稱作一場冒險。

1 需要付出大量的努力

這些努力奠基於一個人能從更高、更遠的角度去思考：「我是誰」、「我想要如何生活」，還有「我可以為這個世界做些什麼」。

2全心全意地投入

冒險需要我們發自內心願意擁抱挑戰、朝成功邁進。但很重要的是，全心投入不代表盲目或魯莽地前進，而是我們有滿滿的信心和堅定的信念去面對迎面而來的挑戰。

3抵達終點前一切都是未知

如果結果能被預測，就不算是個冒險，那充其量就有點像坐雲霄飛車吧！很刺激，但依然不是場冒險。

想想看，生命本來就是充滿了不確定性啊！與其花時間抗拒這個事實、試圖掌控身邊所有事情的走向，不如坦然接受這個事實，然後享受這些未知的精彩！即便迎面而來的是各種變化和難關，但這些變動同時也為我們生命開啟更多可能性的禮物。

4 面對逆境的彈性

冒險中一定會遇到困難。每個逆境都是一個機會，讓我們練習往後退一步，認知到身而為人就是會遇到一些彷彿電影裡才會出現、扯到不行的荒謬狀況。這些困難就是躲不開，那不如就擁抱、面對它，然後繼續往前走吧！

只要我們願意，都可以選擇用幽默感，笑著去面對、化解危機，甚至感謝這些逆境的出現。

5 一路上的美好陪伴

有時候我們可以獨自去做某些事情，但冒險（甚至是一個美好生活）需要夥伴、需要團隊合作。因為擁有彼此的支持，我們的生命將會挖掘到更多的樂趣和值得感謝的事物。

冒險不是非得要你做極限運動或是什麼大膽的行為，它就是一種生活態度和你所選擇的生活方式。比如，面對一個舉棋不定的狀況（可能你想嘗試戶外攝影很久了，但遲遲因為器材費用而沒有開始），最後，你選擇勇往直前。

透過一次次的探險，為我們的生命注入活力和能量。而在一遍又一遍的努力、突破中，成為心中那個想望的自己、抒發對於生命的熱情！只要你願意，我們的每一天每一刻，都可以保持樂於接受冒險的狀態。

你把自己調整成冒險心態了嗎？**祝福你我能透過一次次或大或小的冒險，逐漸成為心中更好的自己。**

健康的心理時間

懷念過去、關注當下、期待未來，
讓一生貫串為一個軸心，
同時在腦海裡靈活並存。

這些年來，親眼看著不少藝人的大起大落，我覺得對他們而言，最難受的處境就是「曾經紅過」。

當紅時，走在路上怕被認出來；不紅了，走在路上怕沒人認出你來。以前，你的臉就是VIP通行證；現在，卻得跟把你擋在派對門口的保鑣說：「你不知道我是誰嗎？」

要是對方回你：「我真的不知道……」那就真的該回家躲起來了。

其實，不只是過氣明星有這種痛苦，很多人也卡在自己過去的回憶中。像我有個朋友每次見到面，就總是在懷念他結婚前的單身日子：「那時候多瘋狂啊！一出門就可以三天不回家，那個年頭，有的是時間、有的是精力、有的是對象……哪像現在，躺在愛情的墳墓裡等死！」

他甚至還會說當年的音樂比較好聽，當年的妹比較正……雖然我每次都會點頭稱是，但心裡不禁覺得他有點過度美化過去了。對他來說，昔日的記憶似乎是彩色的，現在的生活卻是黑白的。

另外有些人則是相反，執著在以前受過的委屈、吃過的虧、誰冒犯了他們、誰對不起他們……即便現在生活無憂無慮，但心中永遠有一塊卡在過去，某些記憶一直把他們的嘴角往下拉。

印象中，這類的人似乎長輩占較高比例。我有個朋友就如此抱怨他的岳母，說她雖然現在幾乎可說是大富大貴，但總是動不動就翻舊帳，每次一發作就開始數落身邊的親人，說女兒出國念書後就對她大小眼，當年臥病在床時沒人照顧她……這些不僅是過去式了，還是過度誇大的過去式。女兒受氣沒出聲，老公就受池魚之殃，害得我這位朋友每每逢年過節都得吃鎮定劑。

我們可以說，**他們都是「時間的俘虜」，卡在過去的美好和創傷中。**

我們都是時空旅人，隨時都在根據過去的記憶、現在的經驗與未來的期待，作為判斷和決策的濾鏡。有些人偏重在過去，有些人偏重未來，還有一些人選擇享樂與當下。史丹佛大學心理學教授菲利普・津巴多（Philip Zimbardo）就曾經提出「心理時間觀」的理論，按照時間觀念，把人分為五大類。

第一種人偏重在過去的悲傷。這種人認為過去就是一場災難，因為過去的失足導致了後續的千古恨，這樣的人比較容易憂鬱、焦慮，缺乏自信、不快樂，難以控制自己的衝動。

第二種人偏重於過去的美好。這種人經常在回憶昔日光陰。相較於第一類人，他們可能比較快樂、比較友善，也比較正面。但如果只沉溺於過去，還是會對當下感到失落，甚至用懷念來逃避現實。

第三種人專注在當下的享樂。這種人活在當下，也更有活力；然而，他們通常不能控制衝動，容易三分鐘熱度，最糟的情況是有可能沉迷於當下的享樂，而忽略了後果。

第四種人被困在當下的僵局。這種人覺得生活似乎沒有進展、覺得生活諸事不順，有點無助，也特別容易有焦慮、抑鬱的感覺，也可能隨時做出衝動的決定。

第五種人專注在未來的可能。這種人總是為明天思考，很愛做計畫，很有野心，也很目標導向。這似乎聽起來不錯，但也很可能因為過於專注於未來，而無法享受當下，甚至因此而冷落身邊的關係，也為自己帶來過多的壓力。

你認為自己屬於上述的哪一類型呢？

之前看過一句話：**「抑鬱是對過去的過度執著，而焦慮就是對未來的過度執著。」**這句話說得很有道理。「過度執著」在任何一個時空裡都是不好的。

知道這五種不同的時間觀後，我們可以訓練自己切換模式，讓時間觀靈活一些。舉例來說，面對錯誤的決定，與其陷入難以自拔的懊悔，不如讓自己專注在未來的可能。太在意未來的計畫，可能需要培養一點懷舊的趣味。要是你覺得人生枯燥乏味，不妨找一群懂得享受當下的朋友，向他們學習及時行樂，把握身邊隨機的美好。

每個人生都有不同的遭遇，想必會累積成不同的時空價值觀，目的是要找到一個最能夠實現我們成長需求的心態。津巴多教授如此建議：「**我們需要的是一雙看向未來的雙眼，一個能夠關注並享受當下的心理空間，並從自己過去的經歷當中，萃取出正面的動力。**」

這就是所謂「健康的心理時間觀」；**懷念過去、關注當下、期待未來，讓一生貫串為一個軸心，同時在腦海裡靈活並存。**

若能達到這種境界，那人生就確實自在了！

「喜極而泣」是種平衡機制

有些情緒是自然的反應，而不是「你」的反應，
理解這一點，就不會受情緒影響，
讓自己少一些煩惱，多一些平靜和理性。

有個成語叫「喜極而泣」，說的是人在極度高興時，反而可能會流下眼淚。這應該是大家司空見慣的事了，不然也不會變為「成語」，但你有沒有想過，為什麼兩種截然不同的情緒會相互轉化呢？

你可能覺得這是極端情況下的情緒反應，但我再舉幾個例子。

你有沒有在取得某種成績時，不敢特別高興，要抑制內心的喜悅之

情，甚至刻意說「只是運氣比較好」；有沒有在看到家人取得某種成果時，心裡明明想要祝賀，出口時卻變成了提醒對方要戒驕戒躁；有沒有在特別開心、特別興奮時，又隱隱約約有些不安，覺得自己不配這樣的開心或興奮。

是不是覺得很奇怪？為什麼在擁有開心、快樂、喜悅……這些正面情緒的時候，內心卻又往相反的方向走，在提醒自己不要這麼地開心、快樂、喜悅？有一部分原因是我們骨子裡的「中庸」文化，讓我們不至於太「得意忘形」、「樂極生悲」，但另一方面，也是我們大腦裡的平衡機制在發生作用。

研究發現，當大腦短時間內承受了大量相同或類似的情緒之後，就會自動產生某種平衡機制，來讓你的狀態恢復到平靜。

這可能是一種進化帶來的保護本能，因為一般來說，當我們處於某種情緒不能自拔時，也是最容易掉以輕心、失去警覺和防禦力的時刻。所以，大腦就產生出這樣的平衡機制，看起來非常矛盾，甚至有些奇怪，但卻是一種自我保護。

幾年前，耶魯大學的兩位研究生麗貝卡．戴爾（Rebecca Dyer）和奧里安娜．阿拉貢（Oriana Aragón）做過一個相近的研究，她們發現，有很多人在看到「可愛」、「很萌」的動物時，一方面覺得「好可愛、好想抱一抱」，但很快地，內心又出現「好想捏死牠」的負面想法。

這種古怪的反應很讓人疑惑，難道人的內心裡都隱藏著某種「變態」思維嗎？但研究者認為，這正是**大腦在大量的正面情緒闖入後，產生的一些「攻擊性」行為，來維護自己的平衡**。

現在，你懂了大腦的這個平衡機制，是不是對自己的一些奇怪念頭，有了另一種理解了呢？最起碼，你知道**有些情緒只是自然的反應，而不是「你」的反應**，理解這一點，就不會受這些情緒影響，讓自己少一些煩惱，多一些平靜和理性。

有取，必有所捨

做事做人，都不可能面面俱到，
最怕的是什麼都想做到滿分，
結果什麼都沒做好。

我曾看過一個很有意思的演說影片——

演講者一開始在台上倒立，對著觀眾說：「我們今天換個角度聊『平衡』吧！各位看到我現在得維持倒立……這樣輕鬆嗎？一點兒也不！我的身體得不斷地調整，才不會摔下來，而且也很難自由移動。」

接著他一躍回到站立狀態：「我們都希望在生活中達到平衡，被灌輸那是好的觀念，是至上的人生目標，」他繼續說：「但我老實跟你講，那是不可能的事情！」

這個開場令我特別有共鳴！自從踏入社會，我一直在追尋同樣的平衡，經過了一番掙扎與思索，我也得到了同樣的結論：「平衡的人生」原來是不存在的！

我們無法獲得完美的平衡，因為人生充滿了變數。每當你覺得自己終於搞定了生活與工作的平衡（work-life balance），達到了那久違的「內心寧靜」，老天必然會丟個變化球，讓你火燒屁股，不得不隨機應變，調整排列，處理危機。

即使平淡的人生，也會讓人不停地忙碌。有取，必有所捨，滿足了一方的要求，總會有另一方失望。做事做人，都不可能面面俱到，最怕的是什麼都想做到滿分，結果什麼都沒做好。

既然失衡是必然的，我們是否能改變自己，擁抱失衡的狀態呢？

剛開始跑步時，我很容易累，而且腳和腿都很痠痛。教練就跟我說：「那是因為你的身體一直在抵抗地心引力！你用腳往前移動，卻又用腳跟讓自己停住。腳跟必須承受整個身體的重量，也削減了向前的動力。試試看向前傾一點，讓地心引力自然帶動身軀，再讓腳在後面追著身體。」

我試了整整兩個禮拜，一開始實在很不習慣，總覺得自己快要跌倒了，但逐漸抓到感覺後，開始體會這個跑法的好處——當身體往前傾時，我們自然的反應就是伸出手腳來預防摔跤，這時不要想著邁大步用腳跟著地，而是讓腳板踏小步彈動，身體就會自然地持續向前。

說穿了，這就是一種刻意的失衡，但可以把地心引力轉為向前的動力。教練說：「姿勢正確，確實會覺得自己要跌倒，但那樣跑反而會更有效率！」果然，學會了這個技巧，連爬坡也比較不累。

反思我們的日常生活，**失衡的狀態，本身就含有許多動力。與其抵抗，不如順勢運用這個能量**。例如我發現自己跑步後身體雖然累，但精神反而變好，這時就適合打電話聯絡事情；講完一輪電話下來會有點浮躁，而且腦袋過熱，這時又適合敲敲打打做音樂；做完音樂有點過嗨，剛好適合陪小朋友玩耍。

我現在發現，家庭與工作、興趣與職務、社交與個人、身體和心靈……就像是鐘擺的兩端。**抓好節奏，當自己感覺失衡時，順著鐘擺去做對的事，說不定能把對立轉為互補，能從搖擺中找到另一種自在！**

帕金森雜物定律

當我們用「嚴選」的態度來檢視身邊物品，
把玩它、感受它、品味它的好，
便能提升對美的敏銳度，
找到真正屬於自己的風格。

有個經典的心理學實驗——在電影院送爆米花，看每個人一場電影下來會吃掉多少。實驗者發現裝爆米花的桶子越大，人就吃得越多，無論爆米花口味如何，甚至是否好吃。

英國歷史學者帕金森（Cyril Northcote Parkinson）也曾經寫道：「工作

會自動無限擴展，以填滿完成工作所需的所有時間。」這就叫「帕金森工作定律」，是職場笑話但也是屹立不搖的事實。

同樣地，在消費經濟中，當你提供多樣選擇，而消費者家裡也有空間，那他們就會越買越多，無論物品的好壞。這或許可以稱為「帕金森雜物定律」——雜物會自動無限擴展，以填滿所有的收納空間。

但物極必反，家裡太亂了也會讓人不耐煩，所以近年來「斷捨離」變成很紅的關鍵詞，甚至還成為冠軍節目。近藤麻理惠的《怦然心動的人生整理魔法》就曾經在美國 Netflix 登上非戲劇類第一名，我看過其中一集，有個美國太太，把她從小到大的聖誕節裝飾品全堆在地下室的遊戲間。她說：「沒辦法，我只要見到聖誕節相關的東西就無法抗拒！」

麻理惠笑咪咪地回答：「好，但是它們都有讓妳怦然心動嗎？」

每當帶領屋主整理時，麻理惠會先找個地方跪坐，請屋主與她一起默默地「感謝」這個空間。在整理物品時，麻理惠也請屋主把每個物品握在心口，靜靜感受這個物品是否讓你「怦然心動，充滿喜悅？」如果答案為否，也要雙手握著它，誠懇地向它道謝，感謝它曾經與你有過的緣分，再丟棄。

這些建議不免引來屋主遲疑的眼神，畢竟「雜亂的客廳」、「老舊的T恤」、「好多年前買的聖誕擺飾」不是一般美國人習慣的禱告對象。有些人憋著笑做樣子，不是很認真，但只要真正靜下來感受的，通常會在沉默後變得激動，甚至還會掉眼淚。

為什麼這個看起來那麼刻意的儀式有效呢？近藤麻理惠說她的理念來自日本神道的影響，而我看到的則是一種巧妙運用「靜觀」的技巧。

「靜觀」與「正念」意思一樣，只不過在字面上更精準地描述其中一個核心觀念：**靜下心來，不帶批判地觀察**。

「不帶批判地觀察」說起來容易，但做起來難。因為我們對於任何事情的觀察，不免會加注自己的評論，對於不滿意的事情尤其如此。

但往往正是這種不滿意的情緒，讓我們產生抗拒。如果不滿意的是自己的行為，而抗拒又會讓自己不舒服，最後反而會閃避重點，不去面對背後真正的原因。**所有的感受，無論好壞，都要敞開心接納當下，而最好卸下心防的方法不是責怪，而是「感謝」**。

感謝，可以改變我們與一件事情的關係，讓我們內心更願意接納它。因為接納，所以我們能更深地感受，而因為更深地感受，讓我們更容易分辨出真實的心聲，讓這個心聲告訴我們：「珍惜它」或「捨棄它」。

靜觀是源自東方的古老智慧，但我們東方人並非打從骨子裡就懂靜觀。其實，現代人普遍缺乏靜處當下的機會，也導致盲目地生活、盲目地消費、盲目地囤積。**怦然心動整理心法背後的精神，是教我們珍惜自己擁有的每一個東西，並只保留那些能夠讓我們心動，我們也能夠用心對待的物品**。

對於斷捨離的決定，帶著感謝的靜觀是個很好的練習。我甚至認為在購物的當下，也可以試著這麼做。

「靜觀購物」的意思，就是「冷靜觀察自己在消費的當下感受」。舉例來說，當你決定要拿一件衣服去結帳時，先停下來問自己：買這件衣服帶給我什麼感覺？手上的這件衣服足以讓我怦然心動嗎？如果不是，為何要買它？如果是，則再進一步問自己：「為什麼？」

如果你的答案是「因為便宜」，請立刻把它放回去！因為除了生活必需品，「便宜」不應該是決定是否購買的主要原因。如果你確定需要它，那另當別論，但我們不在物資匱乏的時代，沒有必要囤積貨物以防饑荒。

你應該經歷過第一次去大賣場或特賣會，那種撿到便宜欣喜若狂的快感。「天哪！三瓶牛奶的價錢，這裡可以買六瓶，而且還是大瓶！這個單價太划算了！」、「哇！這雙鞋原價五萬，現在只要兩萬五，買到賺到啊！」

但滿載而歸後，想必你也體驗過幻滅的那一天，當你不得不清理太滿的冰箱、丟掉過期牛奶、恨自己為何要買那麼大包的洋芋片，或忍不住買其他牌的洗髮精，因為之前的一大瓶已經用膩，而櫃子裡還有兩瓶……

或當你納悶為何衣櫥已經滿到塞不下了，卻找不到一件想穿的，甚至翻出吊牌還沒剪的洋裝……你能否記得，當下是在什麼心情買下它的嗎？如果能夠重來一次，你還是會選擇花錢買它嗎？

所以每當我聽到「買到賺到」的說法，都很想問店員：「我現在明明就在花錢，請問我什麼時候會賺錢？」

與其盲目買一堆不必要的東西，直到有一天不得不扼腕淘汰，還不如訓練自己在第一時間更善於判別；這就是「靜觀購物」的概念。

很多年前，我在紐約的 Century 21（專賣過季精品的 outlet）看到一件皮衣，樣子很華麗獨特，但穿起來不是那麼舒服。我套了一下，把它掛回去，繞了一圈之後，看到一個黑人在試穿，一邊在跟朋友嚷嚷著說這件皮衣多 pimp（多屌），只剩最後一件了，但後來又看看吊牌，面露為難地把它放回去。

他們走後，我二話不說，馬上抓起那件皮衣去結帳。是的，它很華麗，是個名牌精品，但我這些年來，一共穿了幾次呢？大概兩次吧！因為它實在不太舒服，華而不實。

每次看到那皮衣，都會讓我想起當時的情景。我自覺買得很不值得，當時只要冷靜一下，反問自己是否真的喜歡、是否實穿，不是為了跟人搶最後一件而一時衝動，也就不會亂花錢。

下次買東西時，請靜下來片刻，感受自己的心跳，反問自己：這個感覺，是因為什麼？你的興奮，是因為真心喜歡？是因為它完全符合你的需求，還是因為現在不買，別人就會買走了？是因為朋友慫恿，還是因為店員陪你太久，讓你覺得不好意思？還是那省錢的「爽」，加上打折搶購的「急」，讓你把心跳加速誤認為是怦然心動，而掩飾了內心其實僅是「可接受」那件衣服的事實？

當你在大賣場費力搬著二十四瓶裝的果汁時，停下來問自己：買這麼多有立即性的用途嗎？還是說，我正在以省錢為慰藉，但心中不知道二十四瓶果汁要喝到哪一年？

當我們發揮「正念」，靜觀自己的行為時，我們會更有意識地控制自己的消費，把機會和荷包留給那些真正能夠感動我們的好物。當我們用「嚴選」的態度來檢視身邊的每一件物品，把玩它、感受它、品味它的好，以及它帶給我們的好感，也能讓我們更注意細節，提升感官對美的敏銳度，並找到真正屬於自己的風格。

靜觀感受，只把最心動的帶入自己的生活，才能避免「帕金森雜物定律」發生，近藤麻理惠也不用去你家禱告了。

奇蹟的啟動儀式

許多人不缺乏續航力，
但更需要「吃了秤砣鐵了心」的決心。
如果可以把這種決心化為啟動儀式，那其實也挺有價值的！

還記得《駭客任務》（The Matrix）這部科幻片嗎？裡面叫墨菲斯的駭客老大，讓基努．李維選擇兩顆不同的藥丸，一個藍色的，一個紅色的。「如果你吃藍色藥丸的話，你醒過來就會忘記這一切有發生過，你將回到你原本的舒適圈，回到你那平庸無奇的生活，」他說：「但如果你選擇吃下紅色藥丸，你將覺醒，而覺醒的世界，就會像是當愛麗絲掉下小白兔的洞。」

這部電影影響了很多人，包括一位年輕的行銷經理羅伯特．里希曼（Robert Richman）。有一年，羅伯特參加美國的「火人祭」時，把一些看起來像藥丸的紅色糖果裝在藥瓶裡，發給各個前來參加派對的人。「想像你就在《駭客任務》裡面！」他問：「吃了這顆紅色藥丸之後，你會希望到什麼樣的世界，啟發什麼超能力呢？」

當時，他純粹把這個當作是與人破冰的遊戲，也很清楚地告訴大家：「這不是藥，只是糖果而已。」但火人祭結束，大家返回日常的平凡生活後，開始不斷有人聯絡羅伯特，問他：「你確定那顆糖果沒有藥效嗎？自從我吃了它之後，我真的覺得自己不太一樣吔！」

他忙著解說，不不不，請別誤會，這完全是心理作用！但還是越來越多人過來找他，跟他要這些「完全沒有藥效的神奇藥丸」。連他的心理諮商師朋友都說：「我最近開始把這些藥丸給我身邊的一些病人，你知道嗎？他們竟然也開始有了明顯的改善！」

隨後，羅伯特．里希曼就正式推出了 Xpill——一個完全無藥效的糖衣錠。它們被裝在一個看起來像是處方藥的藥瓶裡，上面很清楚地標明：

「成分：澱粉。它本身毫無藥效，唯一的效果就是『你』！」

沒錯，Xpill 擺明了就是假藥。它的唯一一個效果，來自於服用者自己的心態。

每一盒 Xpill 還會附上詳細的使用手冊，幫助服用者設定好自己希望的藥效，把任何想要賦予的意義貫注在這顆藥丸裡。舉例來說，如果你希望克服拖延症，就要先告訴自己：「吃下這個藥丸，我就不會再拖延！」然後吞下藥丸，期待奇蹟發生。

如果你覺得這樣簡直莫名其妙的話，連誤打誤撞發明它的羅伯特．里希曼也覺得很不可思議，但他的網站上充滿了使用者的證言：一位演員說 Xpill 幫助她消除上台前的緊張；一個年輕人說它讓他更能夠找到人生方向；還有一位作家說，他能夠寫完一本書，就是靠 Xpill 的力量。

什麼力量？擺明了，是自己的力量。

糖衣效應（placebo effect），是指某一種藥物或治療方法，本身沒有治療效果，但憑著病人自身覺得或相信治療會有效，而得到病情的緩解。其實，糖衣效應是醫學界和心理學研究中最普遍出現，卻又最無法被解釋的現象。

任何一個藥物在上市前，一定要進行「糖衣對照組」的臨床實驗。就是讓一部分的病人吃真正的藥，另一部分的病人吃看起來像真的、但其實沒有藥效的「糖衣藥丸」，並持續追蹤觀察。幾乎在每一次實驗裡，兩組人都會有病情的改善。唯有當真藥的效果比糖衣的效果要明顯好很多時，我們才能說「這個藥真的有效」。事實上，許多藥的效果只有比糖衣效應稍微好一點點而已，尤其是抗憂鬱的「選擇性血清素再吸收抑制劑」（SSRI）精神處方藥，例如百憂解（Prozac），治療的效果跟糖衣效應幾乎不分上下。[1]

我們以前認為，糖衣效應是因為服用的病人以為自己吃的是真藥，強烈的期待「騙」了大腦，因此感受到效果；但後來心理學者也意外發現，即便知道自己吃的藥是假的，很多人還是會體驗到效果。

羅伯特·里希曼說，當一個人設定好自己期望的藥效，而「很刻意」

地吞下 Xpill 時，這動作本身似乎會通知潛意識：我吞下它，就等於吞下它所象徵的意義，我要接受它、內化它！換句話說，當我們決定好要做改變，光是「吞藥丸」這個舉動，就已經可以造成一個改變的心理作用！

很不可思議吧？這叫自欺欺人嗎？或許。但如果效果對自己是好的，那為何不利用這種信念的力量呢？如果我們一直掙扎於要改變自己，這時有多一個方法給自己一點動力，只要不誤掉我們該有的付出，那為何不試試看？

俗話說「萬事起頭難」，我認為許多人不缺乏續航力，但更需要的是「吃了秤砣鐵了心」的決心。如果可以把這種決心化為一個「啟動儀式」，那其實也挺有價值的！

---

1 Kirsch I, Deacon BJ, Huedo-Medina TB, Scoboria A, Moore TJ, et al. (2008) Initial Severity and Antidepressant Benefits: A Meta-Analysis of Data Submitted to the Food and Drug Administration. PLOS Medicine 5(2): e45.

上網查了一下，三個月分的 Xpill 要價四百美金（約新台幣一萬一千元），真覺得這是一個願打、一個願挨的生意。這裡面沒什麼祕方，它只是個道具。如果我們在日常生活中設計這麼一個儀式，哪怕是在原地轉三圈或者是倒吸一口氣……把它變成一個有意識、很刻意的行為，應該也會感受到一些效果。

說不定我們都可以把自己作為一個實驗品，找顆糖，賦予它一個意義，然後吃掉它。像這篇文章，就是我吃了糖之後坐下來寫的。效果如何呢？嗯，起碼寫完了，而且味道還不錯！

上癮不可怕

心理學家發現，當人處於陪伴、交流關係中，「上癮」行為會自動被抑制。一整天陪著他，他很可能不會有「上癮」行為。

你有「上癮」的愛好嗎？比如連日追劇不休息，刷臉書、刷抖音到頭昏眼花，看小說看到廢寢忘食……而當你在做這些事時，能覺察到自己「上癮」了嗎？

科學家發現，當一件事情能讓人「上癮」，往往是它會刺激大腦分泌出很多有正向激勵的物質，比如多巴胺、內啡肽等，會讓你感覺很好，從而堅持不斷地做下去，以獲得更多的此類獎勵。

「上癮」未必是壞事，比如你對某項技藝上癮，反覆練習，成為高手；或者堅持運動上癮，成為朋友圈的健身達人。但凡事都有限度，如果過度依賴這種「獎賞」，反而容易讓生活的其他方面失衡。

比如打電動遊戲這件事，因為它在設計時，已經把「上癮」機制考慮進去，所以是最容易讓人上癮的，也常常令很多家長苦惱，特別是在寒暑假，簡直沒辦法管孩子了。之前還有一位朋友留言，說自己的男朋友也沉迷於遊戲，搞得工作也不放在心上，讓她非常苦惱。

那麼對於此類不那麼正向的「上癮」，該怎麼來戒除呢？我覺得對於家人來說（男朋友也可以視為家人吧），有一種比較好的方式，就是從「陪伴」開始。

因為是家人，你可以跟他說：「我覺得你對某件東西上癮了，我覺得這是不對的，所以我想和你一起，看看如何改掉這個習慣，可以嗎？」

一般來說，大部分的人包括小孩，都會知道「上癮」不太好，也會配合你來發現問題、解決問題。

接下來，你就要至少拿出一、兩天的時間，陪在他身邊。陪著做什麼呢？隨時傾聽他的心聲，並且提前告訴他：「這不是因為想要監視你，叫你不要玩遊戲，而是當你想要玩遊戲，在那個時刻，請你敞開心懷告訴我，你當下的感覺是什麼？」

然後你可以跟他一起探索這個感覺，當這個玩遊戲的念頭湧上心頭時，發生了什麼？是環境裡發生了什麼變化嗎？是他突然覺得不耐煩嗎？感到壓力了嗎？那麼這些壓力和煩躁的原因是什麼呢？再往前追溯，是想到了繁忙的工作？或者是還沒完成的暑假作業？

和他一直探索下去，直到找到那個「癮頭」的觸發點。

這是一個很好用的心理技巧。因為每一種癮，都有一個啟動機制在發生作用。就像有菸癮的人，聽到「抽菸」二字，可能都會觸發他想要抽菸的衝動。那麼，當你整天陪在他身邊，所要找到的，就是那個像扳機一樣「啪嗒」，觸發他想要做「上癮」之事的觸發點。

找到觸發點以後，我相信你就知道要怎麼做了。

當我們去看一件「上癮」的事情時，看到的已經是一個「結果」。如果只是控制這個結果，降低它的頻率，或者直接禁止這個行為發生，但其實產生「上癮」的原因，你還沒有找到，也沒有任何解決，那麼就很難從根本上解除掉這些癮頭。就像韭菜一樣，割了一茬，還會再長出一茬，生生不息。

特別是現在生活工作壓力都很大，就算小孩子在學校裡，學習的壓力也不小，很容易產生鬱悶的心態或者焦慮無助。當碰到一個能「上癮」的東西時，就容易藉此來排遣心情，如果這個東西本身就有讓人上癮的設計，比如遊戲，甚至是更嚴重的毒品，那麼，人很容易就陷進去。

所以，**解決「上癮」問題，要去追溯產生的源頭，然後從根本上去改變某些東西，那些「上癮」的行為，自然會減弱，直至消失。**

另外還有一個技巧需要搭配使用，就是「替代」：用另一個「行為版本」，來替代當前的這個「上癮」行為。比如孩子沉迷於電動，家長可以多帶他去戶外，接觸更多好玩的東西；有菸癮的人想抽菸時，可以嚼個口香糖，或者索性出去健健身；熱衷於追劇、追網路小說的人，可以給自己安排更多的其他活動。

因為**我們的大腦具有「可塑性」，當你習慣了另一個行為模式時，你會發現原先讓你「上癮」的東西，變得沒有那麼有吸引力了，你的生活也變得健康正向起來。**

心理學家還有一個發現，當人和人處於一種陪伴、交流關係中時，「上癮」行為會自動被抑制。如果你一整天陪著他，和他交流，有很多的對話，一起做一些事情，他可能一整天都不會有「上癮」行為。

所以，如果你發現家人或朋友有某些不太健康的上癮行為，你想要幫助他，那麼，陪伴也是一種很好的方式（順便發現令他上癮的原因）。

最後，問你一個問題，你覺得自己對於「玩手機」這件事，已經上癮了嗎？

所謂的男女形象

誰說男人不能當護士、女人不能當卡車司機？在未來社會，機器人、人工智慧將會取代大量需要體力的工作，那個時候，無論男性女性，都很可能會更中性。

每個社會階段的發展，必然伴隨相應的文化現象。一些新興的事物或潮流出現，你可能看不慣或有排斥感，但當它們大量出現在你眼前時，說明支撐它們的土壤已經足夠深厚。作為一個理性社會人，你可以選擇不接受，卻不能不思考：為什麼會這樣？

最近在跟一群家長聊天時，談到性別和性向的問題。大家口頭上都說性別性向的認同是個人選擇，但我不禁也懷疑究竟多少人只是嘴巴說說，畢竟之前公投的結果，顯示台灣社會還是有相當高比例的潛水保守派。

身為一個一九七〇年代出生的直男父親，我在第一時間，也有點看不慣脂粉氣太重的男孩子，像現在的許多網紅和偶像團體，但也反問自己：這個直覺反應是哪來的？是成長的年代、家庭教育環境、性向、自我認同感等等因素加總起來的價值觀，給人一個直覺性的「喜歡」或「不喜歡」，然後我們再去「合理化」那個反應。

這是一般人的思路：先有直覺反應，再尋找能夠合理化直覺反應的道理。但我們必須先承認這一點：沒有人是客觀的。

男人女人該是什麼樣子，其實是社會訂出來的規矩。以「化妝」這件事為例，古埃及的法老王會畫眼線、用香水；羅馬帝國的男人愛美程度不下於當代女性；法國宮廷中的男人也愛穿高跟鞋……不同文化有不同的標準。沙烏地阿拉伯最近才允許女人開車，但男性友人間可以手牽手逛街……這在我們眼裡看起來不是很奇怪嗎？

本來每個社會都有自己的標準，而且以「社會性別建構論」來說，男女性的「理想模板」，也會根據「當下社會的發展階段」而改變。舉例來說，二戰期間，美國人心中理想男性的形象，是非常有男子氣魄、強壯的，有著像軍人一樣堅毅、鎮定、果斷的氣質。那不難理解，因為美國社會中的英雄就是這些軍人。

當大戰結束，軍人們回歸和平社會，人們開始為中產階級生活而努力時，理想男性形象就變成了五、六〇年代電視劇中看到的——每天固定時間出門，和老婆小孩吻別，晚上按時回家的中產公事包男。

當美國社會繼續發展，變得更富有時，就出現了更多元的男性形象。「披頭四」剛出現的時候，就曾被許多保守人士批評為「不倫不類」，但青少年們卻很喜歡。為何？有可能是因為當時的其他男性典範形象，已經被視為老套了吧！

我自己的青春期是在美國的八、九〇年代度過的，當時主流社會已經明顯地更多元化，有些人喜歡穿著墊肩西裝的肌肉男，但同時也出現許多奇特造型的樂手、藝術家，他們會把頭髮吹很高，有些還會塗指甲油、畫眼影，抹平了性別特徵。亞洲也一樣，日本社會在二戰期間也崇尚有軍人氣質、武士精神的男性，戰敗後開始發展經濟，就推崇西裝筆挺、每天搭電車上班的「領薪水男人」；接著經濟變得富裕後又進入蕭條期，也開始出現「美少男」、「花美男」這種流行現象。

台灣社會的變化更是無須多言，在過去幾十年，人們從解決溫飽到變得富裕，流行文化也遍地開花，不難想見為什麼年輕人不再崇拜那些大男子氣概的「硬漢」，或者西裝筆挺、嚴肅自律的中產階級形象，而會去追逐更多元的、替他們表達自己的全新形象了。

每一種我們看到的男女形象或者偶像類型，他們能夠被年輕人喜愛，就代表了在當下社會的集體意識裡，有這個形象被表達出來的空間。我們可以覺得怪異、不習慣，乃至不接受（大家都有表達直覺的權利），但也不能不思考背後的原因，而不是僅去合理化一個情緒的直覺反應。

我相信，在男女應當平等的前提之下，當強勢男子的必要性不再是社會第一優先，大男人主義也必然比較不受歡迎。當社會主流的需求也不再是男性保護家園、女性操持家務這種傳統角色分工時，我們應該踏出傳統的性別角色，以更符合生存的需求。

誰說男人不能當護士、女人不能當卡車司機？誰說男人不能溫柔一點，女人不能強悍一點？而在未來社會，機器人、人工智慧將會取代大量需要按部就班、需要體力的工作，也可以站在戰場的前線，保護我們的家園，那個時候，無論男性女性，都很可能會更中性——或者可以說：更「人性」吧！

其實我期待男性的角色在社會上有更多元的表達空間，也期待男人被社會允許可以表達出細膩的思維，被允許落淚。讓自己能夠有更多的感觸、創造力，甚至被發掘「母性」出來。

而已經不適用的傳統男女角色，也會在歷史的卷軸中逐漸退出，尤其是那些過度僵化的形象，就像是之前去東京銀座，深夜會看到許多身著西裝、手抓公事包，醉倒在街頭巷尾的男性。

這些薪水男曾經扮演社會中非常需要的角色，而他們沒日沒夜地工作後，去居酒屋、酒店找媽媽桑買醉的大丈夫生態，也是被日本社會接受的犧牲代價之一。但沒了八〇年代日本經濟奇蹟的光榮在支撐，如今這些男子醉倒的體態，看起來就像「活化石」一樣。

搞不好對我的孩子來說，再過幾年進入青春期時，我這個老爸也會顯得相當過氣！但我希望到了那時候，無論覺得他們的世界多麼無厘頭、多麼難以適應，最起碼還可以理解這一切都有跡可循，並可以跟他們理性討論；而不只是堅守著自以為是的價值，就像太多我認識的長輩，不願跟進而僵化，成為上一代的活化石。

超常刺激理論

在解決「顏值」問題之前，

也許先要解決的是內心的偏差。

因為身體的健康和心理的平衡，才能支撐起持久的美麗外表。

最近看到一篇有關對岸醫美產業的報導，發現客戶中，學生（國中生、高中生）竟然占了這些美容整形機構三成到四成。以前醫美是為了抗老，但現在很多年輕人從青春期就開始改造自己的面容。

人到了青春期，生理開始發生顯著變化，往往會更加關注自己的容貌與身體，也容易有各種的不滿意，急切地想變成理想中的模樣。希望變美是人之常情，而且這種渴望和需求絕對勝過道德規範，所以如果一個年輕人已經執著於想要整容，光是「勸說」也不會改變他的想法。

如果你覺得自己有必要、也做好心理準備，要透過醫美來改善外形，我建議你多考慮自身的優勢，在此基礎上尋找專業醫生來優化，而不是追隨當下的潮流，去做某明星的「復刻版」。

另外要特別提醒的一點是，防止在變美的問題上鑽牛角尖。當你開始用「整容」來快速提升自己的魅力，讓自己的顏值更高、更有異性緣、更受歡迎時，你極有可能會不由自主地「加碼」，以超出正常的標準來讓自己「更有魅力」。這種情況有一個專業名詞，叫做「超常刺激理論」（supernormal stimuli）。

哈佛大學醫學院的心理學家黛笛兒．芭瑞特（Deirdre Barrett）在《綁架本能的世界：影響所有決定的「超常刺激」理論》（Supernormal Stimuli）這本書中，描述了自然界的大量「超常刺激」現象。比如一種鳥兒看到比自己生的蛋更大、斑點顏色更明顯的假蛋時，牠會毫不猶豫千方百計地把這顆假蛋弄回鳥巢孵化，甚至為了孵這個更大的蛋，把其他的真蛋推出巢外。澳大利亞寶石甲蟲的雄蟲偏愛深咖啡色、背上凹凸不平又有光澤的雌蟲，許多啤酒瓶的瓶底剛好符合這條件，於是在澳洲的公園打開垃圾桶，很可能會看到丟棄的啤酒瓶上爬滿了甲蟲，情不自禁地設法跟瓶底交配。

這些行為看起來愚蠢，但從生物本能來說，也自有其道理，更大的蛋意味著會孵出更強壯的幼鳥；更頻繁的交配意味著會生出更多的後代。萬年來的進化，讓某些特徵成為了一種「視覺速寫」，讓擇偶變得更快更方便。

人會不會也這樣呢？當然啦！我們也是動物，一樣有這些視覺速寫。豐胸、翹臀、細腰、長腿……這些特徵之所以被公認為美，也是因為自然擁有這些特徵的女性，往往比較健康並善於生育。大眼睛、小下巴則是青春的象徵，這些特徵在漫畫和卡通裡最容易被放大，甚至當它們被放大到不自然的地步時，我們竟然也不覺得奇怪，這一點才是真正奇怪的。

現在我們知道了，其實這些漫畫、卡通、芭比娃娃等，已經在童年時就為我們注入了「超常刺激」的因數。

如果你關注美國的流行文化，常看網紅、明星，會發現有些人隆胸或是豐臀到非常誇張的地步。在日本有一些比較狂熱的動漫粉，會把自己的樣貌往二次元形象調整，眼睛變得非常大，誇張到好像小鹿或貓頭鷹。

當你見到這些「極致的美」時，能夠接受嗎？你可能也會覺得這樣太超過了，但其實我們的確在邁向極端，鼻子修得越來越尖，眼睛開得越來越大，下巴也越來越尖。我最近在派對上見到一些剛出道的網美時，都不禁驚訝，究竟是醫生現在下手越來越重，還是這些年輕妹妹們自己要求整得那麼誇張？

每個人都渴望讓自己變得更好，當然也包括相貌在內，但提醒大家的是，首先要想清楚，自己覺得美的標準從何而來？是不是產生了「超常刺激」，為了讓自己更極致而鑽了牛角尖？

在解決「顏值」問題之前，也許我們先要解決的是內心的偏差。**要投資自己的「面貌」，也別忘了同時投資「鍛鍊」和「保養」，因為身體的健康和心理的平衡，才能支撐起持久的美麗外表。**

別被負評綁架

任何人都可能會碰到言語攻擊，
這時候請認識自己的「消極偏見」，
不要因為一個負評，影響了其他九十九個好評的肯定。

我有個網紅朋友，每次做直播都會有很多粉絲期待，他最近問我說：「你碰到負評的時候會怎麼辦？」

他說自己覺得很奇怪，平常得到一百個好評，都不覺得怎麼樣，但是只要看到一個負評，就會整個晚上睡不好覺。

其實我也是一樣，偶爾有人留言批評的時候（而且總是會有人留言批評），也是會很想要跟他們爭辯。

還記得不久之前，我講了一個心理學的溝通技巧後，就有人上來留了三個字——「外國人」。

看到這個實在讓我很氣憤。因為我講的心理現象是跨文化的，這份研究全世界都做過，也都被證實。而且，我認為當一個人這麼說的時候，基本上他已經把自己與我隔離開來，他覺得自己是「本國人」，跟我就是不一樣。無論他覺得我的理論是外國理論，還是認為我在國外長大，我就是個外國人。

這兩種假設都跟我想要給讀者的建議沒有任何關係，碰到這種人時，我就很想要與他爭辯。

但是我開始寫回覆的時候，心裡面又覺得很不公平：**為什麼這樣的人，用三個字就可以耗掉我半小時的生命，殺掉我多少腦細胞，值得嗎？**

一點都不。

真正值得的，是那些看了我的文章，因為獲得共鳴或是對照自己的生活時有了新感觸，上來留言跟我分享的朋友。這些才是真正值得交流的，不只是因為他們肯定了我的觀點，而是因為他們的回饋是有建設性的。甚至，如果有人很理智地提出相反意見，那也值得對話，因為可以在理性的辯論和推敲之中，讓自己的想法變得更嚴謹。

但是偏偏，就是有些人可以用幾個字把你搞火！為什麼呢？

心理學家說，人類都有所謂的「消極偏見」（negativity bias）。這個意思是，**我們對於負面的訊息都會比較敏感，對於正面的訊息就容易習以為常**。所以一百個好評雖然讓你開心，但只要有一個負評出現，哇！就能夠把一百個好評帶來的好感一筆勾銷，這是我們對於負面訊息的敏感度。

學者認為，消極偏見是因為負面訊息等於危險，而注意到危險，是我們的祖先、我們的祖祖先能夠生存下來的基本條件。

你想，哪個猿人能夠比較快看到草叢裡面有不尋常的動靜，拔腿就跑，那這個猿人就活下來了。他旁邊那位比較樂天的朋友，結果就變成老虎的午餐了。

於是，這個比較敏感的基因就能夠存活下來，傳宗接代，一路到了我們，還是保有這個對於各種危險和負面訊息特別敏感的特質，這就是「消極偏見」。

自從我認識了自己的「消極偏見」是一種根深蒂固的本能時，我就知道，不要被自己的本能牽著跑，**做「對」的事情更重要**。

對於那個網紅朋友，我也給他一樣的建議：「你應該要把你的精神和時間，留給那些值得的人——能夠讓你的思想和言語更成熟的人。不要讓自己降到酸民們的精神層級。如果你實在受不了，容易被負評影響的話，那就請助理或是找一個小編，先幫你把那些無理取鬧，或是純粹為了攻擊而攻擊的訊息過濾掉，篩選出值得你回覆的留言，哪怕是意見不同的，但起碼是有意願來溝通交流，而不只是來罵人的。」

當我們未來越來越常在網路上分享自己的生活時，不一定要是網紅，任何一個人都可能會碰到言語攻擊和負評。

這時候，我希望你可以記住這段話：**認識自己的「消極偏見」，不要因為一個負評，影響了其他九十九個好評所給你的肯定，堅持做「對」的事情，把精神留給願意理性溝通的人。**

換個角度看日常

偶爾，
我們都該給自己一點身心的距離，
好用新的眼睛認識自己的所在。

一位外國朋友來到台北。我帶他去了故宮、信義區、一〇一……但當我們走在花博公園跟 MAJI 行樂市集前面的廣場時，他的眼睛亮了起來。

「我可以在這兒拉幾條漂亮的線！」（I can carve some nice lines here!）他說。

原來這位朋友愛玩滑板，總會在新城市裡尋找適合的場地，開心地想像在那裡滑行、跳躍、耍招式的感覺。他看城市的角度跟一般觀光客不同。我們看的是地標，他看的則是「地形」。

這讓我想起自己第一次回到台北的時候。那是一九九〇年代，捷運剛開工，忠孝東路挖開了一半，騎樓下擁擠無比，有人擺地攤、有人賣雞蛋糕，路面高高低低，讓逛街成為一種不斷在變頻的節奏。那時候我覺得好有意思，完全沒想到方便性的問題。

後來我選擇回台北定居，直到多年之後，自己有了小孩，經常推著娃娃車，才又重新發現人行道的起伏不平，會懊惱騎樓下停放了太多機車或雜物，讓老小行走很不方便，也開始會關注哪裡的路、哪裡的騎樓被改造了，變得好走了。

這時我發現：**心態，會隨著生態的改變而改變**。

我曾經在《紐約時報》上看過一個女記者的攝影作品。她之前跑了大半個地球，做了二十多年的戰地攝影紀錄，後來當了母親。

某一天，她發覺：當個家庭主婦所面對的混亂，跟在前線戰地拍照，感覺也差不多。她反問自己：「為什麼對一名記者來說，偏遠的事永遠比身邊的事更有價值？難道那些柴米油鹽的瑣碎日常生活，就因為看似平凡，而不值得記錄嗎？」於是，她把鏡頭轉向身邊的一切，拍攝孩子的玩耍、哭鬧、令人捏把冷汗的跌倒損傷。她記錄了孩子上游泳課、參加親戚的派對、去露營、把義大利麵吃得滿臉都是的各個畫面。

她說：「拍照讓我能停下來注意。」停了下來，她才重新發現，原來自己生活的地方，是那麼平庸又精彩，那麼熟悉又陌生。

偶爾，我們都該給自己一點身心的距離，用新的眼睛認識自己的所在。有些習以為常的不便，需要新的創意思維來改善，但更需要再次被注意到，被放在腦袋裡當作一回事。有些小確幸，早已經沒有感覺了，這時候刷新眼睛再次認識，也覺得特別溫馨。像是移居加拿大最近回台探親的朋友說：「我的天！每個街角都有便利商店，這實在太──幸福了！」

與家的反差越大，回家的感觸越深。

若不方便旅行，就乾脆停住腳步，拿起鏡頭、換個視角，記錄並品味那日常的一切。

在日常的生活中靜下心來，換個角度探索，例如觀察自然光影的變化、觀察物件周遭的空間，甚至換個角度逛街，你也許能有些不同的感觸，也從過程中更加認識自己心態的微妙變化。

換個角度看世界，隨著城市的節奏，讓自己的心情漫遊。

第3章

—Feel—

一起感受，不再一起寂寞

關於家庭、關於自己、關於工作能力……
人生好像有很多「任務」要完成。
然而，每個人來到世界上，
最大的任務就是找到屬於自己的幸福感，
活出最好的自己。

寂寞，為何而來？

比上一代活得更久、
孩子生得更少、離鄉背井的比例更高。
如何善待自己的孤獨，是我們這一代最重要的心理課題。

我家餐桌上有一盒卡片，平常放在餅乾、椒鹽和油醋旁邊。裡面有不同的問題，是為了讓家人們能夠產生比較有趣的交談而設計。每天晚餐時，我們會從中抽一張卡片，輪流回答上面的問題。

前幾天，我們抽到的問題是：「什麼會讓你感到寂寞？」（What makes you feel lonely?）原本以為孩子們比較難表達這種心境，沒想到兒子最先舉手，「當爸比跟媽咪晚上出去跟朋友吃飯，我跟婆婆在家的時候，我會覺得寂寞。」川川說。

姊姊接著回答：「當弟弟半夜跑去跟爸比、媽咪睡，我自己醒過來，然後你們都抱在一起的時候，我會覺得寂寞。」

太太想了一下。「當我在ＩＧ上看到朋友們一起出去玩，我沒有加入的時候，我會覺得寂寞。」

我回答：「當我出國出差，晚上跟你們視訊，掛上電話的那一刻，我會覺得寂寞。」

多有意思啊！四個不同的答案，四種不同的寂寞。

弟弟的寂寞反映了小小孩對父母的愛。雖然他不缺玩具和大人陪伴，但他最在意我們是否在身邊。這當然讓我跟太太都很欣慰，也彼此交換了個內疚的眼神。

是啊！最近的確應酬太多了⋯⋯而且在不少聚會上，有些孩子已經大了的朋友還會跟我們說：「好好把握這幾年吧！再過沒多久，就換小孩一天到晚往外跑了！」聽了真覺得，嗯，乾脆早點回家算了。

當晚，寶貝兒子還補上一刀，默默地說：「我寂寞的時候，會去書房，看那些我們全家一起出去玩的照片。」天哪！這孩子真會。

女兒千千的寂寞，則反應了姊弟間的微妙競爭。年齡相近的孩子們很在意父母愛誰比較多，無論父母怎麼表達對兩人的愛都一樣，但在原始的潛意識裡，孩子還是會希望把父母的愛占為己有。所以，當姊姊發現弟弟偷偷跑來跟我和太太睡，我們又跟他親親抱抱的時候，想必心裡不是滋味。她所謂的寂寞，可能帶著不公平的申冤吧！

我太太 Cardin 的寂寞，則源自於「錯過的失落」。人是群體動物，也不免會在意自己在社群中的地位。這不一定表示我們都想當領頭羊，但錯過了重要的社交機會，還是不免會有失落感。這種簡稱「錯失恐懼症」（FOMO, Fear Of Missing Out）的心情，對於本就喜愛社交的人來說又特別明顯。它算是正常反應，不過如果經常有感而開始憂鬱的話，那建議還是少看社群媒體比較好。

那我的寂寞呢？最近出差的畫面還歷歷在目：那是一種人在異鄉，想念避風港的惆悵。如果是長期的狀態，就可稱為「鄉愁」。但我的情況還好，起碼每次出差都只有幾天，而且每次都有明確的任務在身，所以不會有那種「我到底在這裡幹麼？」的茫然，來複雜化原本的惆悵。

其實，自己晚上坐在陌生的酒店房間裡，本來就會感到寂寞。這很正常，沒什麼大不了的，甚至還值得享受一下。

我這麼說不是自虐喔！我只是不想可憐自己的處境。至於，去品味那必然有、再自然不過，也必然會度過的短暫失意或悲傷，可以稱之為「愁緒」。英文有個單字 melancholy（憂鬱的）也就是這個意思。我很喜歡法國作家雨果的一句話：「愁緒就是樂在憂愁之中。」（Melancholy is the happiness of being sad.）其實，如果我們不迴避自己的愁緒，會發現它還挺美的。話說，李白也應該就是在這種愁緒之際，寫下〈靜夜思〉的「舉頭望明月，低頭思故鄉」吧！

蔣勳老師在《孤獨六講》書中曾這麼寫：「華人太愛熱鬧，太愛擠在一起，缺乏安全感，缺乏獨自面對難題的快樂。我覺得尤其是下一代，更需要有獨自面對自我的經驗。可以孤獨的從人群中出走，獨與天地精神往來，完成自己完整的人格。」

他指的下一代，應該就是我們這代了。我們將比上一代活得更久、孩子生得更少、離鄉背井的比例更高。如何善待自己的孤獨，將會是我們這一代最重要的心理課題。

最近，美國媒體開始將「寂寞」封為一種「疫情」（the loneliness epidemic），因為調查發現，相較於二、三十年前，寂寞感在先進國家正大幅提升。在美國就有超過半數的受訪者表示自己感到寂寞或孤立，而這與是否住得偏僻毫無關係。有許多人住在擁擠，甚至充滿社交機會的環境，但還是感到孤獨。顯然，這是一個我們必須面對的內心問題。

寂寞有很多面貌，也有很多原因。如果我們要處理自己的寂寞，就應該先認清自己的寂寞。到底這感覺從何而來？我是真的獨處，身邊沒有任何親友可依靠，還是陷於主觀的感受之中？我選擇用什麼方法來對待這種感受？這個方法是否適用於這個原因？還是說，我根本沒想過，但是去麻痺它或迴避它？

就如同我們萬萬不能這麼回應孩子：「你這哪算是寂寞？我們都在身邊，你竟然還有這種感覺，難道你那麼缺乏安全感？」我們也不能對自己說：「你這哪算寂寞？成熟一點吧！Suck it up!」無論原因為何，只要你感到寂寞，那對你來說就是真的。尊重別人的感受，也要尊重自己的。

我個人認為，對抗寂寞最好的方法就是 talk about it。一番交心的對話，絕對勝過一顆百憂解。也許過年返鄉，我們就可以趁機問一下身邊的親人：「你會覺得寂寞嗎？什麼會讓你感到寂寞？」雖然這不是很「節慶正確」，但也不一定要把它視為苦悶的話題。

鳴笛之前，我們只知道彼此的存在，卻看不見對方真正在哪裡。也許，鳴笛之後，我們才會發現原來霧中還有其他的船，而且還那麼地靠近。也說不定，就像在我家的那晚，唸出了那張卡片，突然開啟了這個話題，而我跟家人的一番交流之後，一邊在洗碗，一邊在回味那坦誠的對話。頓時，我們感覺更親近、更不寂寞，也更像一家人了。

人生苦短，所以要認真調侃

在我看來，他們如此幽你一默，
其實是帶著好意。
是一種「人生苦短，何必嚴肅」的輕鬆態度。

之前與家人在紐澳旅行，去了一間公園旁的小食堂，點了炸魚與薯條坐在戶外吃。走時，我看著滿桌的空餐盤，不太確定這種餐廳是否要自己收拾，就開口問服務員。

她一臉正經地回答：「你得自己整理。」

「喔，OK……」我正要叫孩子們回來幫忙時，服務員說：「開玩笑的啦！留給我們就好！」

「你確定？我只是想說……」

「不用啦！不用啦！你快走啦！」她跟收銀台的另一個服務員笑著向我揮手。當下我有點錯愕，甚至有點不舒服，畢竟我是基於禮貌才問，你們又幹麼跟我開玩笑呢？

不過後來想想，這種經驗，好像在英屬國家還滿常發生的。

像我第一次去倫敦，當時還是個窮學生背包客。才剛換完錢，錢包就被扒了，我傻傻地站在路邊，看到警察經過，就上前去問該怎麼辦。但不曉得當時吃錯了什麼藥，我竟然是用「第三人稱」的代名詞問他。

我說：「請問，當某人的錢包被偷時，該人士要如何處理呢？」

那個警察也一臉正經地回答：「該人士就應該往前走，看見警察局後緩步進入，向警員說明該人士的遭竊過程。但若該人士就是閣下的話，也可以直接用白話跟我說到底發生了什麼事。」

想像這整個過程用很正式的英語進行，實在有種「蒙提．派森」的荒謬感，而那位警察連眼睛都沒眨地直接回覆我，除了說完後嘴角稍微上揚，顯然第一時間就猜到了「該人士」就是我。

這種帶有諷刺的調侃方式，在英屬國家叫「taking the piss」，直譯是「撒個尿」，實際意思是「幽你一默」，與撒尿毫無關係。例如前面的餐廳服務員要我自己收碗盤，後來又說「開玩笑的」，她用的句子就是「I'm just taking the piss!」好在我大學時交過不少英國朋友，早就聽過這種說法，不然還以為她真的是要去撒尿，可就尷尬了！

這麼奇怪的俚語是怎麼來的呢？連英國人自己也不太確定，但只要在英國或英屬國家長大，就能理解這句話的意思，以及那微妙的使用規則。有語言學者說，可能源自於十八世紀的俗語 piss-proud，指許多男人早上起床時的「假性勃起」；雖然雄風英挺，但上完廁所就軟掉，所以 to take the piss 就是「讓你洩氣」：當一個人太自視甚高或太嚴謹拘束（英文形容詞為 uptight），就可能被別人調侃，提醒此人「別那麼硬邦邦的」！

與英國人比起來，澳洲人的民族性不拘小節，更愛 take the piss，因此很可能造成誤會。最容易被冒犯的是美國人，因為美語沒有 take the piss 這個說法，美國文化也不習慣輕易調侃陌生人，所以許多美國人覺得澳洲人是群無厘頭的老粗。但以我看來，他們如此幽你一默，其實是帶著好意。雖然洩你威風，但背後是一種「人生苦短，幹麼那麼嚴肅」的輕鬆態度。一笑置之，大家都是朋友，但如果你開不起玩笑而鬧脾氣的話，就反而把事情搞僵了。

當晚，我們又被撒尿一次，再次印證我的觀察。

我們一家人去公園散步，一個路口正在施工，有個大告示牌寫著：「抱歉，此路不通，請先跨到馬路對面，由此到這條街的另一側」。旁邊站了一位穿著橘色工程衣的大漢在指揮交通，我太太就走過去問他：「請問我們要怎樣過馬路？」大漢面帶笑容地回答：「女士，您看起來相當聰明，您覺得該怎麼做呢？」

太太愣住了，因為這個回答的方式完全不是她所預期，不過因為旁邊就這麼一個大招牌，寫得清清楚楚的「請先跨到馬路對面」，所以這位大漢的回答明顯是在調侃我們。

於是，我就唸了大漢身後的告示牌：「請先跨到馬路對面，由此到這條街的另一側。」

大漢說：「完全正確！請為這名男士頒獎！」

這時候，我就問他：「喔，太好了！那請問你要頒我什麼獎？」

大漢愣住了，八成沒想到我也會做球給他。

我說：「老兄，我覺得我的獎勵，就是不被老婆罵！」

「哈哈哈！」他大笑。這時綠燈了，我帶著家人過馬路，大漢不僅一路護送，還友善地跟我說："Have a good night!" 沒走遠，又聽到大漢跟另一群人說：「您可以在前面這個車站等半小時，會有輛電車過來。或者，勞駕您到馬路對面再過街……」

我心想：這位大漢不曉得已經在這路口站了多久，在這個明明寫得很清楚的告示板前，回答了多少人一樣的問題。他用一個調侃的、俏皮的、不太正經的方式回答，能怪他嗎？

分享這個故事，是因為我覺得這是個有意思的文化縮影。中國人講究分寸，對不認識的人特別客氣，調侃很容易被視為不敬，但這種分寸在別的國家不同。taking the piss 不一定是有敵意，還可能源自善意，畢竟把你當自己人，才會跟你一起撒尿嘛！如果太認真，遇見幽默變得更拘謹，那距離感就產生了，搞不好還會被視為冒犯，但以我個人的經驗來說，如果能有風度地接球，還能機智地把尿撒回去的話，人家會覺得「嘿，這傢伙還可以！」

人生苦短，所以要認真調侃！

幸福感與性價比

如果為了追求「高性價比」，而放棄當下的機會，該放鬆的時候不放鬆，該做的體驗不做，說不定就會因此錯過許多美好。

幾年前，我和太太去義大利旅行，一路從佛羅倫斯、威尼斯玩到羅馬。羅馬的地陪帶我們去一間很棒的餐廳。這間餐廳雖然位在觀光客聚集的老城區，非常靠近競技場，但價錢卻是驚人地實惠，一大盤義大利麵才五、六歐元，一大份火烤的熟成牛小排，又嫩又好吃才十二歐元。便宜、美味，生意當然很好，現在想想，那樣的價錢會讓人覺得老闆是在做功德。

當時我就想，幸好我們是在去了佛羅倫斯和威尼斯後才體驗到這間餐廳。因為在前面兩個城市，相同等級的餐廳都比這裡貴上不少。倘若我們先來這間餐廳，恐怕之後的餐飲體驗都會在我們心中大打折扣。

心理上，人們很習慣把類似經驗拿來比較，藉此定出「性價比」。哈佛心理學家丹尼爾．吉伯特（Daniel Gilbert）寫的《快樂為什麼不幸福》就提出：假設兩個旅行社各自提出假期方案，一個原價六千元打折到五千元，另一個則是從原本的三千元漲到四千元，你會選哪個？

當然，這還要看方案裡個別有些什麼。但你八成在潛意識裡，會用比較嚴苛的眼光來看待從三千元漲到四千元的方案。

同樣地，之前我和太太在佛羅倫斯的餐廳用餐，一盤義大利麵至少十歐元，在威尼斯則高達十五歐元，牛小排更不用說，起碼二十三歐元起跳。所以，後來到羅馬餐廳就覺得物超所值，實在太棒了。

但如果倒過來，我們先吃到羅馬這間十二歐元的牛小排，覺得美味又價格合理，之後再看到一客二十三歐元的牛小排，心裡會怎麼想？八成是比較容易感到失望。所以還好，我覺得自己很幸運，在旅途接近尾聲才吃到這麼經濟實惠的餐廳。

「性價比」是我們會自動在腦中計算的事情。對於性價比，每個人心中的那把尺都有些不同。但，我們應該提醒自己不要過度專注於性價比，因為如果你總是跟自己說：「這價錢在我住的城市，都已經可以請一桌菜了！」你肯定會對當下感到各種挑剔、不滿。

每次的經驗在不同的地方、不同的場合發生，其實很難去客觀比較。或許，我們能重新把焦點放在：**「這個價錢在當下能實際帶給你多少滿足、多少愉悅感？」**

如果我們為了追求「高性價比」，而放棄當下的機會，導致該吃飯的時候不吃，該放鬆的時候不放鬆，該做的體驗不做，只因為覺得性價比不夠高、不划算，說不定我們就會錯過許多美好。

當然，這並不代表往後我們花錢都不用考慮。只是，在我們評估的時候，有時也需要提醒自己：價錢應該是用它所帶來的「幸福感」來判斷，而不只是用「性價比」來定義。

帶一樣旅行禮物回家

義大利的旅行，
我的最大收穫就是理解了「慢」，
理解了因為時間沉澱而有的深度，
因為時間洗刷而有的斑駁、殘缺和不完美。

從義大利回到台北的現實生活時，除了要調時差，還要把買回來的各種雜七雜八的物品收拾好、各自歸位。

東西真不少，有義大利的食材，巧克力、香料、白松露、橄欖油……都非常地美味。但還是有很多沒法帶回來，所以，有機會你真的要去一次，親身品嘗和體驗。

但我也因此思考一個問題。如果你有機會，可以把義大利某樣有價值的東西帶回國，你會帶什麼呢？

我問了在佛羅倫斯帶我們四處參觀、主修油畫修復的留學生子陽：「如果讓你帶回一樣東西，無論有形還是無形，你會選擇什麼？」

子陽說：「修復的專業。」（一點也不意外，因為他就是學這個的）

我問我們在羅馬的導遊，他是學建築修復的。他的回答也和子陽一樣，不是具體的實物，而是一個無形的東西。他說他想帶回義大利教授的研究精神，對於義大利的所有文物、經典，這些教授都考究得非常深入、負責、專業！他覺得這一套做學問的方法是非常有價值的。

我很能理解他們的回答。

如果你問我，在義大利的這兩週，最想帶回什麼呢？

我的答案是：義大利的慢生活。

所謂「慢生活」，不一定代表義大利人的步調很慢。其實在羅馬的大街上，你會看到他們說話快、開車也快，音樂響起的時候，他們的舞步、精神異常抖擻，和你說話時也都是眉飛色舞，有時候讓人感覺整個民族都是急脾氣。

但同時你也會看到，當太陽一出來，大家都會在廣場上，找個地方坐下來看書聊天，咖啡館總是客滿的，總是有人坐在裡頭，不知道在聊什麼，但會覺得在聊很深入的東西。這裡的書店也都是人滿滿的，許多人手上總是拿著書。

這些都顯示出，他們對於生活有一種在某些時候應該慢下來的態度，雖說這種態度在工作上可能沒那麼高效率。

聽說義大利人很晚上班、很早下班，中間還有兩、三個小時吃午飯和下午茶。也因為這個原因，他們在歐洲的整體經濟中發展較為落後。但是，你也不能說他們不懂得怎麼過日子，因為整體而言，他們整天都挺快樂的，覺得自己是很幸福的民族。

這種慢生活的態度讓我很羨慕。但對於長期生活在此的異鄉人來說，就可能有點抓狂。我們的留學生導遊就說，有好幾次準時去上課，到了教室發現門是鎖著的，一群人痴痴地等，半小時後還不見教授人影。又過了一個小時，他們晃到樓下，發現教授竟然站在一旁抽菸，跟女教授聊天，或者先去喝杯咖啡，甚至有時候過了一、兩個小時才會回來，找到學生再帶大家出去，說今天陽光好，我們去參觀哪一個古蹟。

在「守時」這件事上，他們似乎很有彈性。但這些留學生也跟我說，教授每一次授課時，都希望能從同學們身上學到些什麼，希望每一次的教育都是相互的，每次有新收穫，他也鼓勵大家分享出來，多數時候的上課都是大家一起討論。

我覺得這種重視交流、重視大家坐在一起好好吃飯、聊天、喝咖啡的態度，肯定會造成很多拖延，但慢慢聊出來的溝通，裡面的質感肯定和只講究效率、快速解決問題、馬上做出來的東西絕對不一樣。

看看義大利的設計，它的美學、歷史所沉澱出來的東西，都不是快速步伐能產生出來的。或許，也是因為他們時時刻刻都在一個快不起來的環境，好像隨時都踏在古人留下的腳印上，在這些建築之間，在歷史的脈絡中，所以快不了。

而這種尊敬歷史的態度，也是讓我非常欣賞的。如果把這種對於美感的欣賞，以及對於知識、溝通跟享受生活的慢節奏，再加上華人講究效率、趕進度的精神，相結合的話，勢必會融合出一個很好的生活平衡感。

在我去義大利之前，確實覺得台北的生活變得有點快了，尤其是為了度假，要忙著把很多事情做完。

而這次的義大利旅行，給我最大的收穫就是理解了「慢」，理解了因為時間的沉澱而會有的深度，甚至因為時間的洗刷而有的斑駁、殘缺和不完美。但經過了漫長風乾、成熟的東西，哪怕是在腦袋裡的無形思想，都更值得回味。

這段體驗，我視為珍寶，希望它留在我心裡，能夠更久一些。

少一點未知、少一點畏懼

我們該少一點洗版、多一點行動，
主動做些研究，來理解那些看似駭人的安全議題。
少一點未知，就少一點畏懼，
也許，還能拿到一根特別大的棒棒糖。

在紐約市的皇后區長大時，有幾段特別美好的回憶，都圍繞在年底的幾個節慶，從十月底的萬聖節開始。

那是一九八〇年代。到了萬聖節，孩子們會互相約好時間，穿上裝扮、拿著南瓜燈，找個大哥哥大姊姊帶頭，就這麼出門要糖去了。當時社會氛圍不同，大人小孩都沒顧慮那麼多。

我也曾經這樣，跟同學們從下午放學就開始，一直到晚餐才回家，幾個小時下來，可以走遍附近的大街小巷。在暮色下，大夥兒一邊走著、一邊吃糖、一邊為了交換而吵著，嚷嚷著誰拿到的糖果比較好，為什麼自己沒有拿到……之類的。

我永遠記得一個叫「森林之丘」的社區，那裡的樹蔭濃密、房子特別大。有幾棟房子很老，跟鬼屋一樣。要去那裡按鈴，還真需要一點膽量，而我們這群小屁孩又特別會嚇自己。

「我哥說，住在那個房子裡面的人，是個殺人犯！」

「我剛才好像看到窗戶裡有個蒼白的臉在盯著我們！」

吹來一陣冷風，我們集體打了個寒顫。有人害怕想回家，有人罵膽小鬼，有人說猜拳輸的就去按門鈴，有人輸了還是不敢去。最後，我們帶著害怕又好奇的心情，決定一起上門。

按了鈴，我們緊張地站在那裡，隨時準備拔腿就跑。

門後傳來沉重的腳步聲，幾個鎖連續打開。一個骨瘦如柴的老頭打開門，用嚴厲的眼神看著我們，一語不發。

我們站了好久，小小聲地擠出一句：「……不給糖就搗蛋（trick or treat）？」

老人轉身消失在房子深處。隔了一會兒又出現，手上拿了幾個特大號的棒棒糖。他緩緩地推開紗門，一個個交給我們說：「萬聖節快樂。」

我們說謝謝，他點點頭。門一關上，我們轉身就跑，回到了街上才開始大呼小叫：「嚇死我了啦！」

其實對小孩來說，每一戶打開門的大人，都像是怪獸似的。有些阿姨一開門就尖聲嚷著說我們多可愛、多可愛，嗓門好像巫婆；有些叔叔個頭高大，像是科學怪人，糖果在他們手裡看起來好小；還有些主人一打開門，就有瘋狗瘋貓從裡面往外衝。

那個陰森森的老人雖然只有對我們說「萬聖節快樂」，但從他的口音能聽出，他不是美國本地人。他的鼻子特別大，眼眶特別深，眼圈特別黑。我上大學之後，在東歐旅行時看到一些吉普賽人，就是這個樣子。

回家吃晚餐的時間到了。落葉在街上被風吹著，發出窸窸窣窣的聲音。我們一群已經吃糖吃到沒胃口的孩子，在附近的公園「分贓」後，就個別回家了。

這種「不給糖就搗蛋」的經驗，大概過了三年，回味了一輩子。

後來，我們搬到一個樹更多、房子更少的長島社區。每戶房子隔得較遠，鄰居之間也比較疏遠。萬聖節上門的孩子變少了。以前我們會準備兩、三袋糖果，後來一袋都嫌多。偶爾門鈴響，也就是那麼兩、三個孩子，後面站著他們的父母親。

時間快轉到現在，無論紐約、洛杉磯，還是哪個城市，萬聖節都是個很有花樣的節日，但應該沒有家長敢讓孩子成群結隊去按門鈴要糖了吧？畢竟現在的社會太複雜了，新聞上報導的，都是藏在民間的戀童變態和綁架小孩的駭聞，萬一出了事情怎麼辦？

以前，最起碼每年有一個晚上，讓孩子們能戴個面具、化個妝，在家附近走走，敲敲陌生的門，見到一些陌生的面孔，藉此壯壯膽，也對外面的世界多一點認識、少一點恐懼。

現在呢？算了吧！誰敢冒這個險？這很現實，但我覺得有點可惜。**當我們的社會越來越多元，我們卻過得越來越小心**。新聞，替代了小時候嚇唬我們的大哥哥大姊姊；而我們，也變得更會嚇唬自己了。

二〇一六年，在「假新聞」還不是個家喻戶曉的名詞時，美國愛達荷州的特溫福爾斯城就爆出了敘利亞難民強姦兒童的駭聞。這個消息從網路上很快躍升到了每一家的餐桌和主流媒體上。

問題是，當地根本沒有收容任何敘利亞難民，這件事純屬謠言，但地方官員試圖闢謠時，還被指控蓄意掩蓋實情，受到了各種恐怖威脅。

英國作家安德魯．史密斯（Andrew Smith）寫過這麼一句話：「**我們害怕自己所不理解的，並憎恨自己無法征服的。**」

假如我們無法征服的就是自己的恐懼，那對於不理解的人事物，是否也很容易轉為憎恨呢？

回想「森林小丘」那位眼神嚴厲、不苟言笑、說話有奇怪口音的老先生。如果當年我們沒有鼓起勇氣按他的門鈴，沒有從他手裡接過棒棒糖，跟他說謝謝跟「萬聖節快樂」的話，他一直都會是個想像中的殺人魔，他的房子就一直會是想像中的凶宅。

小時候，沒有機會去探索未知，未知就會充滿恐懼。

長大後，有些人會背上背包、勇闖天涯。有些人會刻意練習，用理智尋找真相，思索考證，但那只是極少數的人。大部分的人，可能一輩子都待在同個區域、吃同樣的食物、跟同類型的人交朋友、看同樣的新聞媒體，不假思索地過一生。

社會心理學家羅伯特・席爾迪尼（Robert Cialdini）就曾經在《影響力》這本書中推測：**當訊息越來越多，而時間越來越少的時候，我們就更容易意氣用事。我們更容易聽信誇張的敘述、更不會停下來查證訊息、更容易見到影子就開槍。**

實在很像現在，不是嗎？

我們透過網路的濾鏡來看世界，但少了與世界面對面的交集。我們擔心身邊的人會知道自己太多的隱私，對我們心生詭計；但同時，我們又大刺刺地把各種私生活動態放到網路上，曬給世界看。

也許，我們該少一點洗版、多一點行動。主動做些研究，來理解那些看似駭人的安全議題。

敲敲門，讓那位新搬進來的鄰居，感受到附近的人情溫暖。停下腳步，去跟那些時常見面，但從來不曾交談過的鄰居寒暄幾句。

或一年一度，帶著孩子，披上奇特的裝扮，四處串串門子，說不給糖就搗蛋……少一點未知，也就少一點畏懼。也許，還能拿到一根特別大的棒棒糖。

建立感恩的腦迴路

心理學家發現，
想要真正發自內心感恩，就要在腦內建立感恩模型，
透過「注意、想法、感覺、行為」，
從小培養起感恩的好習慣。

感恩節對美國人來說是一個很重要的節日，除了購物和吃火雞大餐之外，我想對於所有看到「感恩節」這三個字的人來說，也是一個提醒：**生活中還是有些事情值得感恩。**

「感恩」是很重要的心態，它不只是禮貌，也是可以幫助我們變得更快樂的方法。許多的心理學研究已經證明，平時培養感恩的心態，可以讓

我們更善於面對生活中可能出現的不順利，心情也會變得正面。

如果你曾跟我一起做過感恩日記的練習，持續兩個禮拜，八成能感受到自己的心情明顯變好，不是說變快樂，而是變得比較平靜、滿足。久而久之，我已經讓感恩成為自己生活中的一部分。

不過教孩子是另外一回事。我最近找到一些研究資料，覺得非常有道理，想來分享「如何培養感恩心態」的技巧。

首先，無論大人或小孩，感恩都有個表面的成分，就是一種禮貌——懂得說「謝謝」，懂得回禮；但更重要的應該是心態。

對孩子來說，這是個複雜的觀念，所以你會看到年紀小一點的孩子往往不太懂得表達感謝。當然，我們可以跟他們說：「叔叔阿姨給你糖果，要說謝謝！不管你是不是要這個糖果或玩具、不管你開不開心，都得說謝謝！」

我們做父母親的也常常會有些懊惱，為什麼其他孩子可以這麼有禮貌，但自己的孩子如果不叮囑就不會說？

我的小孩也是一樣。

我兒子川川五歲時，有一天他拿一個包裝得非常緊密的玩具對我說：「爸爸，請幫我把這個打開。」我費了九牛二虎之力才打開，把裡面的玩具拿出來給他，他很開心，笑了一下轉身就走了。我把他叫住，這種時候我都會跟他說：「不客氣（You are welcome）。」他就回應說：「謝謝（Thank you）。」

可是不應該是這樣子，對不對？不應該是我跟他講「不客氣」，他才記得說「謝謝」！

那我們該怎麼提醒小孩，更重要的是，**怎樣培養小孩發自內心的感恩心態呢？**

根據最近看到的這一份研究，研究者叫安德莉亞．胡松（Andrea Hussong），她是北卡羅來納大學教堂山分校的心理學教授，專門研究如何培養大人和小孩的感恩心態。她認為，感恩大致上分為四個部分：

1 注意（**notice**），我們對於事情的注意，是否注意到人家對我們好。

2 想法（**think**），我們對於事情的想法，判斷這個人為什麼對我們這麼好。

3 感覺（**feel**），這件事情給我們的感覺。

4 行為（**do**），我們表達感謝的行為。

所以她的感恩模型有四個部分：注意、想法、感覺、行為（notice-think-feel-do）。

她做了一個測試，用十天的時間貼身觀察一百個家長，這些家長都有六～九歲大的小孩（通常是需要訓練他們說「謝謝」的年齡）。十天下來，她發現絕大部分的家長都會叫孩子們說「謝謝」，較少家長會解釋：「說『謝謝』是因為阿姨叔叔給了你什麼東西。」只有三分之一的人會問孩子：「你拿到這個東西是什麼心情，開心嗎？喜歡嗎？」更少的父母會問孩子：「你覺得為什麼叔叔阿姨要對你這麼好呢？為什麼你今天會拿到這個獎品呢？」

安德莉亞．胡松說，如果我們要培養真正發自內心的感恩，感恩模型的四個部分就要全部啟動，而且啟動的順序最好是——**事先讓他們注意、問他們的想法、再問他們的感覺、最後連結到行為。**

這樣他們每一次說謝謝的時候，就會有個邏輯告訴他們為什麼。

舉例來說，如果今天孩子去買個冰淇淋，冰淇淋店的老闆看到他們說：「弟弟妹妹好可愛，來，多給你一球。」可能大部分的父母親（包括我在內）接過來交到孩子手上，會說：「你要說『謝謝』！」

其實孩子說「謝謝」的時候，不一定知道為什麼，他們看到有兩球冰淇淋，可能只是開心。

但如果用感恩模型來操作（注意、想法、感覺、行為），我們說：「我只有買一球冰淇淋，但是你看老闆多給了一球，有沒有注意到？你覺得他為什麼多給了一球？」

對於很多孩子來說，這可能是個困難的問題，但我們還是要問。也許我們可以給他們一個解答：「因為這個老闆喜歡你，他覺得你是一個很可愛、很乖的小孩，你在旁邊沒有吵鬧，靜靜地等待，真的很棒。你現在拿到兩球冰淇淋，感覺如何呢？」

小孩說：「很好。」

我們說：「那要不要跟老闆說謝謝？」

這個「注意、想法、感覺、行為」就是一個完整的邏輯了，它可以讓我們跳出只記得去做禮貌的事情的邏輯。尤其是當我們把行為和感覺聯合在一起，而且這個感覺背後又有一個邏輯，那就是個完整的感恩心態。

我相信，好的人生來自於好的習慣，好的習慣不只有行為，思想也是一個習慣。感恩是一個對於你或我或身邊的人，從九歲到九十九歲都值得培養的良好思考習慣。

聖誕幻滅的那一夜

孩子會長大、走入社會，
但我衷心希望聖誕老人在他們的心中，
會一直象徵著父母的愛，
以及我們希望一輩子都能為孩子帶來驚喜的願望。

對許多歐美人士來說，新冠肺炎奪走了去年的聖誕節。

就在聖誕節前的那週，我看到一則新聞，報導美國有許多小朋友擔心聖誕老人會不會因為新冠肺炎而被迫隔離，無法出門送禮物。還有小朋友寫信許願，請聖誕老人今年不要送他禮物，只要把病毒帶走就好了，看了讓人鼻酸。

為了消弭小朋友的擔憂，美國國家過敏和傳染病研究所所長安東尼・弗契（Anthony Fauci）在接受媒體訪問時特別說，請小朋友放心，因為「他已經親自到北極幫聖誕老人打疫苗，聖誕節時他絕對可以出發送禮物！」當時看到這則溫暖的新聞，我就想著要和千千、川川分享，因為即便千千已經十歲，川川也八歲了，他們依然相信有聖誕老人。

那天晚上睡前，我和他們分享這則消息，兩個小朋友圍著我嘰嘰喳喳。我反問他們：「你們今年有記得寫信給聖誕老人嗎？」

他們回答還沒，不然現在寄卡片過去？

我笑說：「現在寄來不及了啦！」

那怎麼辦呢？我說：「不然你們用禱告的，讓聖誕老人知道你們的心意。」

千千、川川立刻兩眼發亮地問我要怎麼禱告？

「你就想像聖誕老人的樣子，他笑呵呵的臉。想像他在北極的工作室，可能充滿小精靈，還有麋鹿。跟聖誕老人說你今年有沒有當個好小孩，明年希望什麼可以更好，還有今年想要什麼樣的禮物。」他們立刻閉起眼睛，很專心、很真心地禱告，那模樣太可愛了！

把他們都安頓睡下後，我回到書房工作，一陣子後，門外傳來小小的腳步聲。川川溜進房裡說他睡不著，因為他一直在想：「聖誕老人一個人要怎麼送禮物給全世界的小朋友，不會很重嗎？怎麼有辦法一個晚上就送完呢？」

我笑了，其實孩子會有這樣的好奇，代表他的理性大腦正在發展，讓他能逐漸把天馬行空的想像和現實認知接軌。

我把川川帶回房間，陪他躺在床上，說：「那你有沒有想過，聖誕老人可能同時在很多地方？不然他怎麼能同時送那麼多禮物，對吧？」他聽了瞪大眼睛，好像在思索這件事的可能性。

我繼續說：「**聖誕老人其實是一種信念，他象徵的是一種對小朋友的愛**。你想想看，他很疼愛每個小朋友，就像父母愛自己的孩子一樣，對不對？還有，聖誕老人總是希望小朋友是個好小孩，這不就像父母希望小孩能好好成長是一樣的嗎？所以嘍，你越讓父母親知道自己是個好孩子、能好好長大，你就是在傳遞能量給聖誕老人，聖誕老人就是這樣獲得源源不絕的力量！」

川川聽得好入神，我趕緊趁機問：「你這幾天就好好在禱告中跟聖誕老人報告你的一年吧！也可以告訴他，你到底想要什麼啊！」

川川眼睛轉了轉說：「我想要 Switch 的遊戲！」

「哪一個遊戲？」

「哪個都可以！」

太好了，這小子竟然沒指定，那就好辦了，哈！

把川川哄睡之後，關上房門，我決定把這個故事寫下來，記錄這充滿童心的一刻。

隔天晚上，千千跑來房間。當時我和太太正在聊天，她一臉正經地說：「ＯＫ，我必須知道，到底有沒有聖誕老人？」

我和太太都愣住了。「妳……為什麼要問？」

「因為班上同學都說沒有啊！班上已經沒有人相信了，大家都說聖誕老人根本就是自己的爸爸媽媽。」

太太支吾了一番。「那……如果我們告訴妳，妳會不開心嗎？」（我心想，這麼問不就等於洩漏答案了嗎？）

「不會啊！我只想知道，」千千說：「到底有沒有嘛！」

太太看著我，臉上露出惋惜的表情。

「沒有。」她對千千說。

「可是～」我搶著接話：「真的曾經有聖尼古拉這麼一個人！很久很久以前，他為了幫助貧苦的人，在晚上偷偷從窗戶投禮物到人家家裡，很多人早上看到禮物，就覺得是奇蹟。他帶給了很多人希望，後來被封為聖人，聖誕老人的傳說就是這麼來的。」

「哦。」千千聽了，反應很淡定。

「妳會很失望嗎？」

「不會啊！」她說。「只是弟弟還不知道吧。」

「對！所以現在妳知道了，就要幫我們保密喔！」

千千抿著嘴，點點頭。

隔天就是聖誕前夕了。我們當晚去參加朋友的聚會，回家路上川川突然緊張地問：「萬一聖誕老人來了，我們不在家怎麼辦？」

「放心啦，他一定會來的！」姊姊對他說：「你上網看 Santa Tracker 就好啦！」

川川一回家，先倒了牛奶、擺出點心，端詳了聖誕樹一會兒，才乖乖地去睡覺。

客廳熄燈後，我走進書房，拿出之前藏好的禮物，提筆稍微練習了一下，準備以這些年來聖誕老人專屬的華麗英文筆跡，給孩子們寫卡片。心中有點不捨，因為這將是聖誕老人寫給千千的最後一封信了。

把卡片裝進信封，黏在禮物上，回到客廳擺在聖誕樹下，發現點心少了兩個。

「姊姊吃的，還喝了半杯牛奶，」太太說：「她很開心可以幫我們當

Dear Liv,

If you ever feel sad and lonely,
Just remember to believe,
Because I will always be here,
To remind you that you are loved.

Always,
Santa

聖誕老人。」

頂多再一、兩年吧！川川也會知道真相，那時候陪伴千川長大的聖誕老人、牙仙子等都將功成身退。坦白說，我真的很捨不得！孩子會長大、失去童真、走入社會，這些都是人生的必然；但我衷心希望聖誕老人在他們的心中，會一直象徵著我們的愛，以及身為父母親那非常天真的，希望一輩子都能為孩子帶來驚喜的願望。我希望聖誕老人的溫暖力量會一直存在他們的心中，也希望這樣的信念，能為孩子身邊帶來有如此溫柔力量的人照看著他們。

有一天，或許他們也會接下這大鬍子的任務，繼續陪自己的孩子，追蹤聖誕老人。而隔天，從千千看到卡片後給我的擁抱和笑容，我相信她會做得很好！

善意謊言的甜美

未來會發生什麼，誰知道？
但我們繼續說：未來一定會更好！
為了自己，為了家人，
為了去挑戰那看似不可能的目標。

現在的社會裡，我們總是很難分辨哪句是真話、哪句是假話。比如你跟朋友說：「好久不見了，改天一定要約一下！」朋友在電話那頭說：「好喔，一定！」

這個「一定」，是真的一定嗎？

老闆交付一個不可能的任務給你，最後說：「辛苦你了，只有你能辦到！」

是真的只有你才辦得到，還是為了激勵你所以這麼說？如果你辦不到，是否就會被辦得到的人取代了？

送禮物給朋友，對方面有難色地說：「嗯，好棒啊，我很喜歡！」怎麼說的話跟表情差那麼多啊？和客戶談合作，對方說：「大家都是朋友，我們同舟共濟！」哦，是嗎？那為什麼談到合約的時候，又一板一眼？

如果說謊鼻子真的會變長，那我們每個人應該抬個頭，都會掃到樹葉吧！隨著年齡增長，在這些謊言中，我們也逐漸能夠辨識，大部分的時候，人家就是說說而已，無傷大雅。我們逐漸看得出來，哪些時候是說謊的人自己沒勇氣說實話，但有的時候我們也看得出來，對方真的是滿懷好意，才選擇不說，甚至是為了想要給我們安慰、給我們勇氣，而大費周章地把事實美化。

美國作家歐．亨利（O. Henry）曾寫過一篇故事〈最後一片葉子〉——女孩瓊珊不幸得了嚴重的肺病，生命垂危，她躺在病床上，絕望地看著窗外對面牆上的常春藤葉子，不停地被風吹落，一片一片又一片。她心灰意冷地跟朋友說：「等最後一片葉子掉落，我的生命也就結束了。」

因為這樣消極的想法，讓她失去了生存的意志，她每天都望著那片葉子，等它掉落，也靜靜等待著自己生命的終結。

但是，那最後一片葉子竟然遲遲沒有掉落，直到瓊珊身體完全康復。瓊珊以為是那片葉子很幸運，才沒有被風吹落。但其實，是一位很有名的畫家貝爾曼，在聽完瓊珊朋友講述她的事情後，用畫筆畫出一片逼真的「永不凋落」的常春藤葉，讓瓊珊重拾活下去的希望。

你說，這是不是一個最有善心的謊言呢？

以前年輕時曾經想：「場面話」是否也算謊言呢？你明明不想見到某些人，但總要說：「好開心看到你喔——」我們離不開這樣的謊言，不是因為你沒勇氣說實話，而是因為你知道說實話沒有幫助，只會傷感情；說實話不是勇敢成熟，反而是任性自私的行為。

所以，我們會選擇、並且習慣說表面話，對另一半偶爾說出善意的謊言：「哦，妳穿那件衣服真的很好看，一點都不顯胖！」因為我們愛他們，不想打擊他們最近有點脆弱的自尊。

或當我們對孩子說：「手術很快，一點都不痛，睡一覺就都好了。」全身麻醉的確不痛，我只是沒說，醒過來之後會很不舒服，還要復原好一段時間；因為，我不想嚇到即將進去那冰冷手術房的小女兒啊！

長大後，知道了善意的謊言，也可以是一種甜美。當我們知道了聖誕老公公的真實身分，或像是義大利知名電影《美麗人生》（La vita è bella）——一對被送進集中營的猶太父子，父親為了不讓兒子害怕，編了謊言，讓兒子以為集中營是個遊戲。這部電影後來獲得了三個奧斯卡獎項，包括最佳外語片，觀眾們都對故事中那位父親的善心謊言感動不已。

或許，**在苦悶之中，我們也要跟自己說個善心的謊言，即便你自己沒把握，也要告訴自己：「一定會成功的！」**

即便充滿了恐懼，也要告訴自己：「我一點都不怕！」因為站在登機門入口的這個時候，面對內心的掙扎，只有對自己這麼說，才能收起眼淚，轉身笑著對家人說：「別擔心！我會很好的！」

說不定，在那千百年前，我們的老祖先，也曾經憑著同樣的善意謊言，激勵彼此：「過了那座山、過了那片海，另一邊就是豐盛的天堂！」、「一定是這樣的，所以之前出發的人才都沒有回來！」、「一切都會好的！巫師在祭祀台上，也是這麼說的！」於是，他們背起行囊，挺起胸膛，踏入面前的那片蠻荒。

有時候，選擇相信善心的謊言、勇氣的謊言，才能讓我們面對風險。其實，未來會發生什麼，誰知道？但我們繼續說：未來一定會更好！為了自己，為了家人，為了去挑戰那看似不可能的目標。

將更多的心，放到每一刻

我們很容易在繁忙中感到日子匆匆而過。
只要能用心咀嚼其中的點滴，
無論是好或不好，
都能讓自己深深體會幸福感。

生活中的許多關鍵時刻，似乎都是偶然發生的。既然如此，我們是否能主動創造更多有意義的時刻呢？

有一年，我和家人在澳洲的黃金海岸旅行，某天驅車前往距離黃金海岸有一小時車程的天寶靈山（Tamborine Mountain），沿途風景秀麗壯闊，陽光藍天與山的翠綠像是幅在窗前移動的油彩畫。

我們在一個山鎮的鄉村市集停下來，太太愛上一張手工製的樟木小矮桌，覺得非常適合野餐，但猶豫行李是否塞得下。最後我們還是決定買下它，因為實在太喜歡了。

兩個孩子看到旁邊的卡丁車，雖然場地不大但速度很快，而且排隊的人不多，所以我們連坐了好幾次，很刺激！接著又吃了當地小農做的熱狗，一根長到可以用兩個麵包並排夾起來，都還有剩。

接著，我們去一個可以俯瞰整個山谷的風景區，拍了許多全家福。我和太太在陽光下喝咖啡，千川很興奮地跟彼此追逐，但後來千千不小心摔了一跤，擦破了膝蓋，哭了好一會兒。

回程的路上很塞，但夕陽很美。我們特地彎去一間著名的海產店，吃了新鮮的大蝦、炸魚和薯條，天黑了再開車回酒店。

就寢前，我問孩子們：「今天好豐富啊！你們覺得最難忘的是什麼？」

千川先是回答「吃海鮮」，然後是「吃熱狗」，還有「去了一個沒開門的地方」，竟然都沒提到美麗的風景。

那媽媽糾結後買下的野餐桌呢？沒印象。

刺激的卡丁車呢？「喔對！」

姊姊跌倒受傷這些事呢？竟然兩人也沒提。

「如果你們覺得最難忘的，就只是一些日常的吃喝，那我們待在台灣就好啦！」

當然，這是在開玩笑，不過我也發現，每個人對事情的記憶點和觀察點都不同。當我們發現別人沒注意到我們覺得該注意的事，或是不在意我們覺得該在意的事情時，不免會有點失望，說不定還會懊惱地想：「你是不是根本不 care？」

儘管我們希望給所愛的人製造終身難忘的回憶，也必須知道體驗是相當個人化又主觀的。每個人如何看待一個經歷，並在心中給予它的重要性和個人意義，都是我們無法指定的結果。

但這並不意味著隨便生活就好，反正每個人各取所需，也會找出自己的樂子。我們經常是「配合演出」的認命演員，許多所謂的「精心時刻」是被動接受，而不是主動創造的。但如果我們能意識到每一個時刻的珍貴性，或許就可以透過用心的設計，把一個普通的時刻賦予更多感覺，祕訣就是如何讓這些時刻「脫穎而出」。

《關鍵時刻》（The Power of Moments）這本書曾提到一個很窩心的案例：一個小男孩和家人度假回家，驚覺自己心愛的長頸鹿玩具 Joshie 被遺忘在酒店裡了。眼看著一場家庭危機就要爆發，父親馬上安慰孩子「Joshie 只是還在度假」，接著聯繫酒店工作人員，請他們尋找 Joshie 並盡快寄回來。父親也請工作人員先拍一張 Joshie 的照片，好讓孩子能安心。

結果酒店人員不只發來一張照片，而是整個相片集！裡面有 Joshie 躺在游泳池邊的長椅上、Joshie 開著高爾夫球車、Joshie 在水療館做 SPA（眼睛上還敷著黃瓜片）、Joshie 和鸚鵡一起聊天……透過這個用心又玩心十足的舉動，酒店把一件小插曲轉為這家人可能會終身難忘的回憶。而這件事傳出去後也讓酒店聲名大噪，可以說是個相當成功的公關行銷案例。

無論是在個人生活，還是在工作和商業場合，我們都可以透過這種「顛覆預期」和「創造樂趣」的原理，來製造難忘的經驗。我們還可以選擇把某些遭遇賦予更多的意義和力量，來幫助我們改變壞習慣、激勵學生和員工，甚至將挫敗變成正面的轉捩點。

在繁忙的生活中，我們很容易感到日子像是糊在一起似的，咻一下匆匆而過。能夠用心咀嚼生活中的點滴，無論是好的或是不好的經驗，都能讓自己深深地感受、體會，對我們的幸福感會非常重要。**回顧一天的美好經歷，也是營造家庭幸福感很有效的方法。**

所以就讓我們從這個小舉動開始吧！希望我們每晚的回顧，能提醒自己更加用心對待每一刻，把日常的平凡變得不平凡。

真正地聚在一起

當網路與空氣一樣普及，
科技孤立是大眾皆知的文明病時，
我們需要更多面對面的空間，
真正地相聚，不是在一起共享寂寞。

「前幾天我回到家，看到兒子跟幾個同學在廚房，你知道他們在幹什麼嗎？」老友跟我說：「一群年輕人圍著餐桌都沒在講話，全在玩手機！我後來問兒子：『你要麼就自己玩，何必找一群朋友來零互動？』我兒子竟然回答：『爸，這就叫在一起寂寞（lonely together）！』」

lonely together，在一起寂寞，多麼「超齡」的意境啊！以前這種形容可能會讓人聯想到不幸福的婚姻或養老院的惆悵，現在卻適用於千禧世代。這兩個英文字印在T恤上還挺文青的，作為咖啡店名也不錯。

「在一起寂寞」，也可以說是都市剪影，不是嗎？大城市的人口持續增加，距離感卻沒減少。上下班時的地鐵站萬頭攢動，通勤者忙著閃躲彼此，頭上掛著大大的耳機，每個人都幾乎成了「感官絕緣體」。人類的文明發展至今，大概還沒經歷過這麼擁擠又這麼無交集的存在狀態。

賓州大學心理系曾做過一個大數據研究，統計數萬個臉書用戶一年下來的貼文，把最常使用的字化為詞雲，再把這些詞與用戶的心理測驗做交叉比對，發現不同心理狀態的人（例如樂觀和悲觀）所慣用的詞彙都有差別。

你猜，哪個詞與憂鬱症有最強的關聯？

這個詞就是**寂寞**。想一想，寂寞這個詞的使用，竟然跟憂鬱症有最高關聯，那寂寞的心情，又與憂鬱症有多高的關聯呢？

憂鬱（depression）這個詞，就是一個低潮、缺乏動力的狀態。很多患有憂鬱症的人什麼都不想做，不想出家門、不想回簡訊，更不想與人有面對面的接觸。但一個人越是待在家裡，越不與人接觸，越缺乏互動帶來的活力與好感，越可能會感到極度寂寞。

近年來，我們看到憂鬱症患者比例大幅增加，或許正是因為在行為上，越來越多人選擇在家裡獨處。

在家獨處的人雖然可以用電子產品，好像跟外界保持互動，但當他們關掉電腦、手機時，還是在一個寂寞的狀態。心理學告訴我們，人類除了需要食物、睡眠、性之外，與他人的互動也是一種基本需求，而它的重要性遠遠超過我們之前的認知。所以，人類常常在尋找這種跟彼此互動所能帶來的好感。

科學家就曾使用磁振造影，在人瀏覽社群網站時，同時觀察他們的大腦運作狀態，發現當人獲得來自朋友的點讚時，所觸及的部位就好比獲得了一個擁抱。但這個虛擬的擁抱，並不能夠完全代替真實的肢體接觸。如果社群網站確實能給我們同樣的滿足感，那人們越使用社群網路就應該越快樂才對，但最新的綜合分析依舊明顯地顯示：**人們使用網路的時間越長，就越容易不快樂，也越發容易感到孤立。**

所以，我們所看到的這種現象，其實是一種「代糖」的效果，似乎有熱量，但只是一種味道，沒有太多營養成分。

之前回紐約時，發現街上的流浪漢變更多了。也許是夏天的關係吧，幾乎每個路口都坐著幾個街友，不只男的，還有婦女和年輕人，而讓我更錯愕的是，其中有一半都在喃喃自語。

你不用學心理學也能看出，那是一種精神疾病的症狀。這些人陷入幻覺幻聽，彷彿身邊有個朋友在跟他們對話，但其實閃過他們面前的，只是城市的車水馬龍和疾走行人的大腿。

前幾天，我在下城看到一個詭異的景象：一位街友靠著牆角，對著某位假想仇人咆哮，不遠之處站著一位西裝筆挺的男子，也在大聲地自言自語。當西裝男側過頭來時，才看見他耳朵上塞了個小小的藍牙耳機。

的確，我們現在的許多行為，古人看來一定會覺得像是瘋子。我們會對著一個小小的盒子哭笑；一群人坐在地鐵的車廂裡，卻沒有任何眼神的交集，甚至連好奇的眼光都沒有；一群年輕人圍著餐桌，有男有女，每個人低著頭，手指很忙碌。

但在內心深處，我們還是需要彼此，因為我們是有溫度的動物，還是需要與同類在同一個空間裡取暖，於是共處的時空，就成為了一個必要卻又尷尬的過渡期，呈現了「在一起寂寞」這樣的詭異狀態。

我還是相信有一件事不會改變，那就是人與人之間對於互相認識、接觸的需求，因為這是我們身為社群動物，數十萬年進化得來，寫入大腦底層的生存程式。

物極必反，也會造成社會和文化的輪迴。每當一個現象發展過頭了，又會按照人性的軌跡被拉回來繞一圈。舉例來說，當數位錄音科技已經進步到幾乎「零失真」的時候，卻看到了黑膠唱片的逆襲；當音樂唾手可得，點兩下就有的時候，許多人反而回頭去蒐集實體唱片，還陶醉於那種失真、有點雜音，但比較「有人味」的聆聽體驗。

近年來，被網路購物打趴的實體商店在連續低迷了多年後，開始有一些實體零售回溫。在美國，最明顯的例子就是獨立書店的復興。

最近，我看到一篇報導，訪問布魯克林格林堡一家獨立書店的老闆，她說：「我們這裡有握手買賣的文化，而網路書店沒有。」握手買賣，多麼貼切的描述！一個充滿體感的術語，形容店員與顧客的交流，了解顧客需求並為其推薦，就像是店員握著你的手，幫你把脈，看到機器演算法看不到的東西，從你的眼神中判讀你真正的需要。

這個就是人工智慧和大數據還沒有辦法比擬，也是人在未來社會中存在的最大價值：**我們聽得懂話中話，看得出眼神背後的心情，感受得出語氣的溫度，嗅得出人情味；在這個當下聚集的時空，只要重新啟動老天給我們的感官，所獲得的訊息是更真實的。**

也許，在不久的未來，當網路與空氣一樣普及，而科技所造成的孤立是大眾皆知的文明病時，我們會設計出更多面對面的空間，或是社交的禮俗，讓人能夠真正地聚在一起（get together），不只是在一起寂寞（get lonely together）。

第4章

—Connect—

每個人，都可能是貴人

在我們人生的很多時刻，都有一些注意不到、卻起了關鍵作用的人事物，一個個連接起來，把我們推到了現在的人生。

讓巧合賦予意義

比起一雙冷冷的科學眼，
那些能隨處見到巧合、相信凡事皆有安排的人，
他們的生命更是有趣。

許多人車上都有行車記錄器，所以網路上時常會看到一些不可思議的車禍或意外的影片。

曾有一支影片特別令我印象深刻——一個人正緩緩地穿越斑馬線，這時一輛闖紅燈的轎車，被順向行駛的大卡車給撞上，轎車旋轉打滑直直衝向那位行人，但轉了兩圈恰好繞過他。十字路口四處都是殘骸碎片，行人卻毫髮無傷。

後來接受訪問時，那行人說在那一刻他感覺到有一股神明的力量，像是一陣風，及時把那車子推開。

我們不得不問，為什麼今天是他倖免？他真的被天使拯救了嗎？誰知道？但也有可能，是他們的心裡為這事編出一個故事，使得一個難以理解，甚至難以被理智大腦接受的遭遇變得有特別的意義？

當然，如果我們證明，他所經歷的只是巧合，沒有任何意義，他只是純粹走運，這會讓他感覺更好嗎？當一件似乎很了不起的事情只被視為「狗屎運」而已時，會讓當事人覺得快樂嗎？

不會。但有一點是確定的：所有人都在生命中努力尋求意義感，這對人類來說是種本能。而我們的心理健康，也是需要意義感。因此，我們時常會在沒有意義的巧合上，給予它特別的意義。

心理學有一個現象，叫做「德州神槍手謬誤」（Texas sharpshooter fallacy）：想像一位槍技很爛的西部牛仔，每天對著牆亂射，一段時間以後，牆上有些地方彈孔密布，有些地方卻很稀疏。牛仔靈機一動，在彈孔最密集處畫個靶心，這下子他就像個很厲害的槍手了。

這種先射箭再畫靶的行為，就好比我們在偶然發生的事件中，再加上意義。

其實，我們每天都在做這種事。但這樣錯了嗎？我不認為。

雖然我信奉科學研究方法和統計，但我也是「意義」的更大信奉者。為何？因為我相信「意義的力量」：當我們認為某件事有意義，它本身就可以成為一種動力，推動我們做更大的事情。

例如前面那位車禍生還者，如果他覺得自己是被上帝欽點，要留在世上做些好事，而因此努力行善，成為大慈善家，那何嘗不是好事？如果這個巧合讓他的人生多了一份意義，無論我們覺得那意義是真還是假，結果都值得肯定。

我也分享一個自己的例子：我的母親、太太和女兒，農歷生日剛好都在同一天，這也太巧了吧？

其實並不算太難得。以概率來說，任一百個人當中找到三個同一天生日的人，機率百分之七十，相當高！想想看，在你認識的所有朋友當中，有三個人同一天生日的機會又是多少呢？每天看自己的朋友圈，你可能會發現有好幾個朋友在同一天過生日。

但如果這三個人，是你生命中最重要的三個女人，當然就意義非凡了！對我來說，這意味著什麼？這意味著我相信我和我母親、我太太、我女兒有特別的緣分。我媽媽也因此，特別喜歡我太太，特別疼愛我女兒，因為她也覺得那是個緣分。這個意義，是最幸運的一件事。

這也是一個與人建立關係的社交技巧：認識新朋友的時候，盡量在對話中尋找共同點，越準確，越接近巧合，越好。也許你們倆在同一個小地方長大；也許在學校裡，都曾暗戀過同一種類型的人；也許你們都喜歡以一種特殊方式吃同一種食物。無論這個共同點是什麼，當你找到的時候，讚嘆一下，然後賦予意義。「天哪！這太難得了吧！我們怎麼有這麼類似的經驗呢？這一定是緣分啊！」

這種共同點被你賦予的含義，會使它成為緣分，而這種緣分的感覺，可以幫助你建立更深層的關係。

這聽起來有點投機取巧，但我認為，與人交朋友先要看動機。如果你真心希望能與人有好的連結，而不是想要誘惑、利用對方，若這個技巧能讓雙方都感覺更接近、更有緣分，不是很好？

以前的我很愛用邏輯、科學知識與朋友們辯論，戳破他們各種不合理的迷信。但現在的我會點頭微笑，對他們的故事展現驚訝和羨慕。因為我發現，比起一雙冷冷的科學眼，那些能隨處見到巧合、隨處創造緣分、凡事都相信是有安排的人，他們的生命可是有趣多了。

忠於自我前，先改變勢利眼

勢利眼是現代社會的通病，
用某人的一小部分，對他人做了通盤的定論。
但人生充滿了必要的妥協，
努力忠於自我之前，先得改變自己的勢利眼。

不管國內或是國外，在職場與人握手言歡之後，都習慣遞上一張名片。尤其在亞洲，對方常會根據名片來決定要給你幾分鐘的會面時間，開完會是否送你到門口，甚至鞠躬角度等等。大家習以為常，已經成為了一種倫理。

最近看到英國著名作家艾倫．狄波頓的一場演說，提到名片的觀察。

他說用名片來決定跟人交往是一種勢利眼（snobbery），而勢利眼是現代社會的通病。他給「勢利眼」提出一個新的定義：「別人拿你的一小部分，對你整個人做了通盤的定論。」

我突然被點到，有點震驚。天哪！我是個勢利眼的人嗎？我一輩子所受的教育，不都在強調「不可以貌取人」（Don't judge a book by its cover），不可有勢利眼嗎？

反省過去的生活，自己時常受惠於他人的勢利眼。每當別人聽說我是哈佛大學畢業時，通常都會露出驚豔的表情（如果沒有，他們八成是耶魯畢業的）。這是一種福氣，但也是一種挑戰。有個光環套在頭上，別人會對你有所期待，而行動會變得比較不方便。

我的第一份工作，就有個上司時常對我說：「加油！這麼簡單的事情，對你們哈佛高材生應該不是問題吧？」我時常加班到最晚，就是為了證明自己不比別人高尚。

以前拍廣告時，我很樂意幫製片助理處理雜事，只為了能跟同事打成一片。到後來，我發現自己實在分不清楚什麼是**忠於自我**，什麼是**忠於別**

人期待的自我；又有多少時候必須多做許多事情，來推翻別人的成見。

從學術界到創意界，我一向不認為自己屬於老鼠賽的成員。對自己而言，我是我所想（I am what I think），但對外面的世界來說，我是我所做（I am what I do）。

當年做DJ時，演出精益求精是最重要的原則。我曾堅信只要遵守這個原則，成功是水到渠成的，客戶會自動上門來，也會受到同儕的尊敬。但後來我發現這不完全正確，因為如果一個人不懂得自我行銷、建立好的關係，甚至「搶先卡位」的話，錯過了時機，也很難出頭。

所以，我發現要在事業上忠於自我，也必須要承受外界的評論。起碼得搞清楚別人怎麼看我們，才能知道如何應對他們的期待。勇於走自己的路，但還沒成功的人，其實心裡最怕外人的誤解。

之前認識一個朋友，他坦誠地說：「很久以前，我問自己最想要什麼，發現我要的就是過好日子。過好日子需要錢，所以我立志努力賺錢！」我這個朋友的確很拚，交際應酬毫不手軟，該帶客戶去酒店就去，該塞紅包就塞，也的確把生意做得很大。

也有一個藝術界的朋友，滿腹理想卻口袋空空，為了籌足金額出國尋找靈感，一次又一次降低作品的藝術性，以迎合商業需求，苦笑著與自己妥協。他們兩位互相認識，私下都對彼此頗有微詞。藝術家說生意人「沒有理想」，生意人則說藝術家「只管賺錢」。其實他們兩個都忠於自己的目標，依著自己的原則過日子，只不過都用「勢利眼」在看對方。從第三者的眼光看來，只是五十步笑百步。

所以，我覺得在努力「忠於自我」之前，先得改變自己的勢利眼。人生充滿了必要的妥協，我們必須學會憐憫、寬容，不要因為片面情況而對一個人的全部鐵口直斷。拋開勢利眼所造成的誤解，我相信多半的人都是**忠於自己的生活**。

覺察自己的盲點

用開放的心胸，
努力觀察與調整自己與人互動時的盲點，
有盲點並不是壞事，
反而是讓自己成為「更好的人」的機會！

想像一下，有一天，你和朋友為了某件小事意見不合，一開始彼此都還能理性地說出想法，但到後來情緒上來了！你明顯感覺到已經是為了吵而吵，但也停不下來。

你說：「根本不算什麼啊！幹麼反應那麼大？」

朋友說：「你幹麼也反應那麼大？」

後來鬧到兩人不歡而散，好久都不聯絡。

這種莫名其妙的事，是不是曾經發生過？

當我們在與人爭辯的時候，可以很清楚地接收到對方的表情、語氣、肢體動作等訊號，反而不太會去注意到「自己」的表情與聲音，也不會去考慮是否是自己的言行造成對方的情緒反應。於是，就釀成了兩敗俱傷的局面。

平時，我們能夠察覺自己的言行舉止是否會影響到別人，但是當自己的情緒開始激動起來的時候，會過度關注周遭環境的威脅性，包括對方的表情，而同時，「自我覺察」的能力就會越來越弱。反而無法察覺到，是否正是因為自己有了憤怒的表情，造成對方也有憤怒的表情。

我們好像在照鏡子，但不知道自己在照鏡子。這是溝通上的大盲點！

當我們生氣的時候，站在面前的那個人，也許是你的伴侶，也許是你的夥伴，他們可能就像一隻張牙舞爪的老虎，不斷對著你咆哮。誰都不喜歡這種感覺，對吧？

這時候，請你做一件事：想像對方的臉是一面鏡子，你正在照鏡子，你是否有發現，對方的面紅耳赤跟自己的狀態有點相似呢？這時候，請你試試看，如果想讓鏡子裡的自己冷靜下來，是否要先放鬆自己的表情，放輕自己的語氣呢？

我有個朋友，跟太太常常因為同一件事發生爭執。他說，有很多次，當老婆在說話的時候，他腦海裡想的卻是工作上的事——明天開會要用的資料、這個月的報表還沒交……太太發現他根本沒在認真聽時，就會非常生氣地指責：「你每次都沒在聽，到底有沒有把我放眼裡！」

朋友告訴我，以前的他，聽到這種指責總是很不開心，他認為自己並不是沒在聽，甚至可以一字不漏地重複太太說的每一句話，但是每天為了工作忙得不可開交，還要聽老婆碎唸，實在讓他覺得煩！

所以，有段時間他們很常為了「有沒有專心聽」這件事爭吵，爭吵當中也不斷出現許多情緒性的字眼。直到有一天，他忽然意識到夫妻溝通的「盲點」，這個盲點——他認為自己沒有不妥的地方，也從沒注意到「是不是自己表現出的無所謂，甚至到後來覺得很煩的態度，才造成對方有這麼大的反應」。

當他開始有情緒的時候，太太說的每句話都跟針一樣刺；相對地，他的聲音和表情在太太眼裡也是一樣。

這就是為什麼兩人會從原本的理性溝通，演變到後來一發不可收拾的原因。發現這個盲點後，他開始思考要如何用「具體行動」去改善。

首先，他從自己的心態和行為上調整。工作重要，但太太對他而言更重要，所以就算再忙，也應該給自己幾分鐘好好聽對方說話，給她應有的尊重。

現在，當太太跟他說話的時候，他會放下手邊所有事、保持專注。當他又心不在焉、太太提醒他要專心的時候，也不會感到不滿，反而很謝謝太太幫他指正壞習慣，讓他變得更好。

所以，「意識到自己的盲點」是相當重要的。更重要的是不帶任何防備心，而是用「同理心」來調整自己的行為，減低爭執發生的機率。

當然，也有人會想問，要如何減少盲點出現的頻率呢？

最好的辦法就是透過另一半或是他人的「反應」來當參考；對方，就是我們的一面鏡子。如果你認為對方蠻不講理，那麼我們應該問問自己，是不是也用了不好的態度或言語對待別人？

當你認為對方對你不夠尊重的時候，或許也該捫心自問，自己是不是也曾經對別人說話的權利和想法不夠尊重？當你認為對方不夠關心你的時候，請問問自己，是否也曾經對他疏於關心？

如果你認為對方一直不理性地攻擊你，也請先問問自己，是不是曾經對他有過負面觀感，卻沒有提出來溝通檢討呢？

在雙向互動當中，找到盲點並調整自己的行為非常重要。發現問題或發生爭執的時候，一味責怪別人並不能解決任何事，我們要學習的是：**如何從對方的言語和行為反應中，找出自己平常沒能發現，但卻可以調整的地方。**

就像開車之前，必須調整車子的照後鏡一樣，如果沒有適度地改變和調整，很可能就會產生視線死角，最後導致事故的發生。

用開放的心胸，花點心思，努力觀察、調整自己與別人互動時的盲點。**記住，有盲點並不是壞事，反而是能讓自己變成「更好的人」的絕佳機會**。

當我們習慣細心觀察、虛心學習，開始願意承認與改變不足時，你會發現自己又前進了一大步，並且，也能更有效地完成心中的目標！

對話是學習，不是角力

我們應該帶著學習的態度交談，
不需要展現自己的博學多聞；
不一定能跟每個人聊出真理，
但最起碼對話能讓我們表達真情。

最近跟一群老友聚會，大家許久不見，還是老樣子。其中一位最愛搶話的朋友，也還是老樣子。

有人說自己最近很忙，這個朋友就說：「我跟你講，我最近忙到什麼瘋狂地步……」

有人談虛擬貨幣，這位朋友就說：「我跟你講，crypto 沒搞頭啦！我三年前就知道啦！」

我談到最近遠端系統管理團隊的挑戰，這位仁兄又插嘴：「我的團隊分散在十幾個不同的地方，管理他們從來不是問題！」

他大概想說我接下來會問：「那你是怎麼管理團隊的？」但我偏偏沒有，於是話題就懸在那兒。全桌的人安靜了片刻，然後這位朋友又繼續發表高見……

他很愛聊天，但我不認為他是個好的對話者。

一桌老朋友認識那麼多年，雖然不會介意恭賀彼此的功成名就，但我們更希望分享目前的人生挑戰，談論生活上碰到的痛點，並透過交流來給對方安慰打氣，也許能提供一些建言。但有人總愛把話說得很有自信，像是什麼都已摸透、搞清楚了一樣。聽他說話是一場演講，但我們想要的是「對話」。

真正的對話，應該跟思考的過程一樣。當我們思考一個問題時，基本上就是在與自己進行一場對話，心中需要維持兩種不同的觀點，有時還得扮演正反兩面，並在其中盡可能地保持客觀。這是相當困難的，所以在這種時候，尤其需要找朋友來對話。

跟朋友們對話的好處，就是能一起探討問題。有時候，朋友可以當你的戰友，跟你一鼻孔出氣；有時候，朋友可能擔任「魔鬼辯護者」，挑戰你的立場，以便你看出自己的盲點。然後改天或是換個話題，雙方的角色就會調換。**真正的對談，是理性與感性兼具的交流**。

即使是孩子，也會這麼做，正如心理學家喬登．彼得森（Jordan Peterson）在《生存的十二條生活法則》中所給的例子——如果孩子跟朋友們提議要去屋頂上玩耍，有朋友指出這個想法的危險性，接下來的對話，讓這個孩子聽到其他人的意見，進而做出更明智的決定。這樣的意見交流，就是我們成長中很重要的社會化過程。

然而，有些人的對話方式不是這樣。他們會把每一次的交談當成一次競爭，一場需要贏的比賽。他們對話不是為了討論，而是為了印證自己的立場是對的。跟這種人對話時，會覺得他們似乎沒在聽你說什麼，而是在想自己接下來要說什麼，單向溝通的感覺是相當明顯的。表面上是「交流」，但你會覺得他在「對你說話」，而不是「與你對話」。

這種人很自大、自私嗎？也不一定。就像這位愛插話的老友，其實是個相當熱心的人，充滿正義感，也很願意為朋友們撐腰，有時候還會在臉書上跟陌生人打筆戰。也許是他太好鬥了，或是太習慣當老大了，以至於每個朋友的問題對他來說都是個事，而他處理事情的習性就是先擺出強勢的態度說：「我跟你講，這種事我見多了……」

其實，老友們都知道他也有生活難題，私底下還會為他擔心，但他自己不開口，我們也當然不好意思多問。他是個好人，只是太愛面子了。

我希望自己能夠與人有更多坦誠的對話。我知道自己有些時候也會過於強勢，尤其當年紀大了，輩分高了，越來越多人把我們當成答案提供者，而非真正對話的對象時，我們更是需要提醒自己：**多聽一點，少說一些。在發表意見之前，先停下來問問對方：「那你覺得呢？」**

也許因為多問了一個問題，我們能聽到意想不到的答案；也許因為考慮了不同的意見，而放寬了我們的視野。我們應該帶著學習的態度交談，不需要展現自己的博學多聞。我們不一定能跟每一個人聊出真理，但最起碼對話能讓我們表達真情。

朋友之間有真情，足矣！

有衝突，請好好說

有道理請好好說，
有不滿請清楚表達，
永遠不要蔑視彼此的感受。
這就是相處溝通的第一原則！

人在相處中，總會有意見不合的時候。尤其跟枕邊人和親人，有感情，也一定會有衝突。

衝突必然會有負面情緒，情緒也很難不在言語和表情中顯露出來。某程度內的情緒是可被接受的，但當兩個人已經無法控制自己，當言詞不只是為了爭辯，而是要刻意傷害對方的時候，衝突就不再是溝通，而是「吵架」了。

我們都知道爭辯時要避免人身攻擊、撂狠話、吼叫、辱罵，但其實一些不經意說出口的句子，也很容易讓衝突成為爭吵。

你可能說出口時不覺得嚴重，搞不好某些句子還是個口頭禪，但聽在對方心裡，卻會大幅加深對立、激起情緒，讓溝通更困難。以下是四個常見，也千萬要避免說出口的「地雷句子」。

1 你總是……你從不……

「你總是遲到！」、「你從來不幫忙做家事！」你可能只想要用個比較誇張的方式表達心中不滿，但這種非黑即白的「絕對抱怨句」會讓對方心裡非常不舒服，**因為他們所感受到的，是你不僅覺得他們做錯了，還忽視了他們做對的時候**。

他可能曾經有幾次沒遲到，也可能曾經有幾次幫忙做過家事，雖然次數不多，但這樣的一句話，就等於把那些「對」的時刻也一筆勾銷了。

即便他真的「總是」或「從來沒有」，你也要盡量避免這麼說，因為對方很可能為了證明這句話說得不對而跟你爭辯，結果卻聽不進你真正想要溝通的事，兩人因此吵得鬼打牆。

如果你要表達不滿，要說得符合事實，並清楚表達內心的感受。例如：「你今天遲到了十五分鐘，上次也遲到了快半個小時。這樣讓我感覺不被尊重，我對你的遲到很不高興，下次請你要準時，好嗎？」

2 我已經說過多少次了！

是的，也許你已經說過N百次了，他還是一樣改不了！但當你這麼說的時候，不會有任何幫助。為什麼呢？因為對方如果有意要改變自己的行為，那他應該早就改變了，不需要你一再提醒，是吧？

所以如果他還沒有改變，那只有兩種可能：**他有困難，想改但改不了；他其實根本不想改。**

如果是前者，那就不是溝通的問題，而是個行為習慣的問題，你們要一起找更好的方法。如果是後者，你就更需要了解他不願意配合的原因。

你可以這麼說：「我發覺你好像很難改掉拖延的習慣，這讓我覺得跟你一起做事很沒有安全感。我真的很想要你改變，所以我想知道你的困難點在哪裡？」

3 你冷靜一點好不好？

當你說出這句話時，你覺得對方會怎麼回答？「喔，好吧」？拜託！對方已經情緒高亢了，這時候叫他冷靜，保證不會有你要的效果。

對方八成會更火大，因為除了不高興之外，他現在還會覺得你不重視他的情緒，想命令他冷靜。「怎樣，你叫我冷靜我就得冷靜喔？」他會這麼想。

當對方情緒激動時，你必須先表示你「感受到了」對方的情緒。最好的回應方式，就是說出你被他的情緒「燙到」了：「哇，我很想聽你說，但是你現在的語氣真的很凶，我被嚇到了，可以請你先緩和一點嗎？」當你如此表達自己的「脆弱」時，在乎你的人應該會收斂三分。

4 這有什麼大不了的！

有那麼嚴重嗎？既然他都已經提出來了，顯然這件事對他來說就是嚴重的！所以當你這麼回應，就意味著你覺得對方沒有理由不滿。當人在抱怨時，最想要的是被傾聽和理解，而不是被質疑自己沒道理或反應過度，所以這麼一句話，等於是火上澆油。

如果你真覺得對方反應過頭了，應該理解他的原因，可以直接問他：「你為什麼對這件事那麼難過？」只要你是真心想要理解，而不是用看似禮貌的問句來否定對方的話，他應該會好好跟你解釋的。

其實，**衝突不一定是件壞事，它可以讓我們更了解彼此，從中磨合出更好的相處方式**。有時候一場衝突也能讓我們認清彼此的界線，或有哪些價值觀的差異。

我們不太可能每一件事都能跟對方達到百分之百的共識，或說服對方改變自己的立場，但我們最起碼可以把爭執當作一個認真的溝通過程，而不只是情緒的宣洩。

有道理請好好說，有不滿請清楚表達，而且永遠、永遠不要蔑視彼此的感受。這就是相處溝通的第一原則！

用善意摧毀敵意

碰到對我們不禮貌的人，
或許你可以想，
我們可以用善意來摧毀對方的敵意。

如果有人覺得被你冒犯了，可以怎麼化解呢？跟大家分享一個我在美國網站上看到的故事。

在美國，幾乎人人都是開車行動，開車的時候常有不愉快的事，甚至還出現一個單詞road rage（路怒症）——是指人塞在車陣中的暴怒，這似乎已成為美國文化裡無可避免的一部分，幾乎每個人都碰過被駕駛比中指、罵髒話，諸如此類非常不禮貌的行為。

有位美國媽媽說，某天她開車載五個小孩出門（可以想像那是輛非常大的車），當時她開車到麥當勞的得來速排隊點餐、取餐，正在照顧小孩的時候，突然聽到後面一陣巨大的喇叭聲響，把她跟孩子都嚇到了！

她抬頭一看，從後視鏡看到後面一輛很大的 pickup truck（美國中部常常可見的高卡車），上頭坐著一個看起來非常憤怒的女司機，對著這媽媽就比出了中指！

這位媽媽這才驚覺，原來排在她前面的車子已經移動了，但因為她一直在忙小孩，就沒有跟進。後來，這位媽媽很平靜地先下車，雖然她的小孩都哀求媽咪不要下車，不要跟人家吵架。但她還是下車了，並且往後走到皮卡車旁，這時皮卡車的車窗也降下來，開著卡車的女司機挺著胸膛，一副準備好要打架的樣子。

這位媽媽對女司機說：「真是不好意思，我不知道妳在趕時間，要不要直接把車子開到我前面去？」

原本一臉凶狠的女司機聽到之後嚇了一跳，問：「妳說什麼？」

媽媽再次重複：「妳應該是在趕時間，因為我車上有五個小孩，妳也知道五個小孩都餓的時候，點餐可能會花一點時間，準備餐點也要很久。我不想耽誤妳的時間，所以妳要不要直接開到我們前面？」

這時候原本很憤怒的女司機，馬上縮下來說：「不用！」

媽媽接著說：「可是剛才不是妳在按喇叭嗎？」

女司機又說：「那是不小心按到的。」

當這位媽媽回到車上後，女兒就問：「媽咪，剛才那個人為什麼說她不小心按到喇叭呢？她不是不小心的啊！」

媽媽回答：「因為剛才我用善意摧毀了她的敵意，所以她一時不知道該怎麼回答，我就讓她保有這個藉口吧！」

分享這則ＥＱ小故事，希望可以給你一些鼓勵，下次碰到這種不理智、對我們不禮貌的人，或許你可以這麼想，我們可以**用善意來摧毀對方的敵意！**

別認為你的好理由，就是他的好理由

即便是想提出「好理由」說服人，
也應該先確認對方的「好」是什麼？
過於本位思考或利益導向，很容易壞了事。

假如你是個外向的人，希望說服內向的朋友參加聚會，你會怎麼說？「哎呀，這個派對很棒！你會認識超多很厲害的人，每個都學歷好、顏值高，說不定你今晚去一趟就擺脫單身了呢！」聽起來很有說服力，是吧？但說完，你朋友更不想去了。為什麼？

因為他個性內向，內向的人本來就不喜歡去那種需要認識很多人的交際場合。你給他的「好理由」，對他一點吸引力都沒有。光是聽你說「會認識很多人」，還讓他更焦慮，更不想去了！

但如果你真正停下來，問他：「為什麼不想去？」也許你就能聽到他真正的心聲。他也許會說：「我就是不喜歡社交。」、「我就是不擅長社交。」或「我寧可跟一、兩個平凡人深度交流，也不要跟一群達官顯貴當泛泛之交！」

這時候你發現，能說服他的，反而是跟他說：「去這個聚會，我只想跟你介紹一個朋友。我覺得他是個很有深度的人，但平常不喜歡社交，跟你一樣。太少有機會能和他碰面了，所以我想特別約你和他，三個人一起認識一下。」

我們總以為「說服」就是要給出許多好理由，理由夠多夠好，對方就會聽進去。但事實上，「給一大堆好理由」反而可能是失敗的關鍵，因為我們給出的理由如果都從自己的立場出發，沒了解到對方的需求，那對方就會無感。唯有你的理由讓對方有共鳴，才是個好理由。

我聽過幾個女生在聊她們上週末晚上出去玩的經驗。

「那個過來搭訕的人說他是機師，我聽了沒反應，過了幾分鐘他又說：『我是機師。』我還是沒搭話。後來他還直接說：『我開飛機的。』我就說：『開飛機又怎樣！』」

「他大概想藉此暗示，他的薪水很高吧！」另一個女生說：「不然就是他可以常帶妳出國旅行什麼的。」

「拜託！我翻白眼還來不及呢！我待在家裡最開心，機師聽起來感覺就是整天不在家，沒安全感！」

我不禁想，那位機師如果問她週末喜歡做什麼？平常愛去哪裡旅行？也許還能更了解她的個性，找出比較能打動她芳心的話題。當然，也許他長得不夠帥，但如果是這樣，更得學會怎麼聊天了，對吧？

我父親也曾經跟我說過一個寓言故事：

一個富翁在急流中沉船了，抱著一塊石頭大喊：「救命啊！」

一個年輕船夫聽見了，趕緊划船過去救人。

富翁說：「你快點來啊！你救了我，我給你一萬！」

船夫拚命划，但水漲得更高，富翁說：「你再快一點啊！你救了我，我給你三萬！」

船夫繼續划，富翁著急了：「十萬！我給你十萬！」

但是船速反而更慢了。

「我給你五十萬……」富翁的話還沒有說完，就被捲入洪流，失去了蹤影。

船夫很傷心地回到岸上，說：「我當初只想救他一命，他卻說要給我錢。我心想，只要划慢一點，就可能多好幾萬。哪知道，就慢了這麼一下讓他被水沖走了，是我害死了他啊！」他蒙頭痛哭：「但當我全心只想救人的時候，他為什麼要給我錢呢！」

人的行為背後有各種動機，有時候圖利，但有時候又純粹一片好意。如果你不先搞清楚，一開始就談到利益，還把各種給對方的好處講得天花亂墜，你認為這都是誘因，但過於本位思考或利益導向，反而還可能壞了事。

所以，我們要說服人，即便是提出「好理由」，也應該先確認對方的「好」是什麼？他們的需求和希望是什麼？

也許你可以問：「這個案子的成功，對你有什麼意義？」、「你似乎在這方面非常投入，是什麼支撐著你的熱情呢？」甚至很簡單直白地詢問：「我可以怎麼幫你？」

當你了解對方的動機和需求，你就會發覺：說服，只需要順水推舟。

刺激你的交友圈

如果覺得現在的朋友圈有點侷限，
希望有所突破、遇到能交心的朋友，
建議你多去做些喜歡的、沒有利益目的的事情。

你現在的朋友圈，是學生時期的老友居多，還是進入職場後工作後的新朋友較多？

前幾天有位讀者留言，說感覺自己的好朋友都是當學生時認識的，而且越往前，比如國高中的朋友就比大學的朋友更親近。畢業之後就再也找不到可以交心的朋友了，這是怎麼回事？難道進入社會後，就難以建立真正的友情嗎？

我倒不這麼認為。我有不少的好朋友，都是成年之後才認識的。我們常常覺得學生時期乃至童年時的朋友，感情會更純粹、更持久。但很大一部分原因，是我們共度了漫長的成長時光，其中有快樂、有挫折、有一起面對一輪輪考試的「革命情感」。

在這過程中，彼此沒有什麼利益糾葛，都很年輕，更像是在一起玩樂，所以友誼是在一種有點散漫、又有點目標的狀況下，從零開始長出來的；加上青春期深刻的「共同回憶」，就會覺得那些友誼真是非常美好，也非常持久。

而工作之後，和人打交道，更多的是為了某個目的而聚在一起，有著明確的結果訴求。所以當一天的工作結束，離開那個環境，一不討論工作，你就會發現彼此的交集沒有那麼多，沒有太多話題可以聊，更別說發展出一段無話不談的友誼。

但你有沒有發現，這樣的情況，在過去的友誼裡也會發生。當老友多年未見或者圈子越來越不同，彼此間的共同話題變少，同學聚會也往往變成懷舊大會，難以發展出新的「共同回憶」。

所以，**能夠建立並維繫一段長久友誼的關鍵，其實在於要有一個彼此共同參與、在其中共同成長、沒有利益關係，而且足夠持久的事（最後產生某種意義）**。

友情對我們的心理建設來說很重要。如果你覺得現在的朋友圈有點侷限，想要有一些突破，希望遇到能交心的朋友，我建議你多去做一些喜歡的、沒有太多利益目的的事。

比如為了某個喜好去參加培訓班、社團，然後在這個圈子裡，無論線上或線下，去尋找和你有共同語言、也願意玩在一起的朋友。

基於長期興趣的投入，會幫你篩選和建立起更加持久的社交關係。你可能因此結交到好朋友，也不必猜測和擔心彼此之間的利益關係。

我相信，通過這種方法建立起來的朋友圈，不能說一定會通往「真正的友誼」，但其中蘊含著在你成年後還能遇到至交好友的更多可能性。

你覺得呢？

君子之交淡如水

真的朋友，
其實不需要總是為彼此做什麼，
光是知道有那些人在，
放在心頭有一種溫暖，這樣就夠了！

我有一群好友，八個人固定在每月最後一個週五一起晚餐。我們的背景都很不相同，外人一定搞不懂我們之間的交情，說實在的，我們自己也搞不懂，我們就是喜歡在一起聊天，有時也會抬槓。但無論辯論多激烈，講完大家還是哈哈一笑。我們都知道彼此的底線，也喜歡對方跟我們那麼不同。

古人說：「君子之交淡如水，小人之交甘若醴。」引申來說就是男人友情是思想、感情上的交流，像水般純淨又不忮不求，彼此間當然會批評，也會辯駁，但這卻代表能在朋友關係中做很純粹的自己。

朋友做久了，當然會關心彼此的生活，偶爾幫幫忙。幾次借錢給朋友時，我都沒指望收回來，因為我相信「不要把你捨不得失去的東西借給別人」，才能讓自己舒服，不舒服就別答應。

換個角度想：若他真是朋友，即使被拒絕也能理解，特別是遇到一筆數目時。真正的朋友不需要你開口，要借錢就應當把真相講得清清楚楚。另一個底線：無論交情多好，我不會為人做保，也不會要別人為我做保。

我們八個人經濟狀況很不同，有的收入很高，有的生活勉強可以，雖然聚會時沒人會討論這事。當中一位朋友收支有點緊，所以他小孩出生的時候，我們很自動地把家裡的寶寶用品塞給他，讓他幾乎不用花錢再買。有時候他打電話來閒聊，我講到今天要去哪兒辦什麼事，他就會說剛好人在附近，便幫我處理了。但後來才發現，他的「剛剛好」，其實是繞了很長的路；這就是他回報的方式，我們彼此都不點破。

另一個朋友卡在一份沒進展的工作好幾年，大家都知道他非常辛苦，頂多聽他吐苦水，也沒人叫他換工作。大家都成年了，自己的問題自己解決，不需要朋友給什麼高見，但我們都記在心裡。很幸運的是，後來我認識的老闆朋友在找高階主管，一聽剛好合適，趕緊推薦我朋友，因為我相信沒有人比他更勝任那個工作。結果他不但被錄取，去了新公司如魚得水，那個老闆還請我吃飯感謝我的介紹。這事沒花一毛錢，大家都贏，我現在想到都開心。這是朋友最能幫助彼此的地方。

朋友多少會涉入彼此生活，但分寸非常重要，犯不著把哥兒們扯進家庭關係。朋友間少不了喝喝小酒，看到正妹多瞧幾眼，講些不規矩的話，但就到此為止。如果有朋友搞外遇包小三，我不希望他蠢到介紹給我們認識，寧可知道得越少越好。當然，真正的好兄弟不得已要我們幫忙遮掩，我們可能也不會拒絕，但是為了小三而把朋友拖下水，這跟嗜賭而向朋友借錢一樣糟糕。

女人的問題其實毀了很多朋友的關係，幸運的是，還沒有發生在我們這群已婚男人占多數的朋友群中。可能正是因為我們雖然熟，卻始終不讓彼此熟到那種地步的緣故。

好朋友很重要，除了事業、家庭，這就是第三根椅腳了，有了它才會坐得穩。但我逐漸體會到「淡如水」的意思：真的朋友，其實不需要總是為彼此做什麼，光是知道有那些人在，到了月底會見面瞎聊，放在心頭有一種溫暖，這樣就夠了！

他對你好在哪裡？

一個真正對你好的人，
最在意的應該是什麼對你有益。
但對你有益的事，
往往是「逆」著來的，是會不舒服的。

每次跟朋友們討論感情問題，我最怕聽到的一句話就是：「他對我很好。」

「好在哪裡？」追著問，會聽到各種理由：「我去哪裡他都會接送。」、「我累的時候他幫我按摩。」、「他很照顧我的父母親。」、「他縱容我的壞脾氣。」、「他對貓毛過敏，我養貓，他還是忍著自己的不舒服來陪我。」

我聽過各式各樣的回答，幾乎全都是「順」的，但幾乎從沒聽過有人這麼回答：「他對我很好，因為他會跟我辯論，挑戰我的思想。」或「他對我很好，因為他會激勵我，幫我改掉壞習慣。」

差別在哪裡？翻譯成英文，常聽到的理由是 He（She）is good **to** me.（他對我好）；鮮少聽到的理由則是 He（She）is good **for** me.（他對我有益）。

一個真正對你好的人，最在意的應該是什麼會對你有益，但往往對你有益的事情，是「逆」著來的，是會不舒服的。

剛認識的時候，我們很少會給彼此挑戰。熱戀期的自己絕對不是真正的自己；我們想討好對方，努力展現自己最「光明磊落」的一面。要交往了一段時間，達到相當程度的穩定和信任後，才會逐漸把自己的原形展露出來。

「奇怪，以前去他家都很整潔，怎麼同居之後變得那麼邋遢？」嗯，你有沒有想過，他以前說不定都在你過來前趕緊打掃？

「奇怪，剛交往的時候他很開放，怎麼後來占有慾那麼強？」嗯，那說不定是因為他起初知道自己「不得不」表現得很開放？

我們都像洋蔥一樣，隨著與愛人的親密度，隨著一層層的衣服落在床邊，我們把保護色和面具一一拆下，內心的不安、舊傷、劣根性逐漸暴露。**在這時候，我們也都面臨一個選擇：要不要把握這次的機會，做些改變呢？**

如果你知道自己有問題，也希望能夠改變，那你最需要的，不會是一個什麼都順著你，什麼都默默支持你、縱容你的脾氣和習性的人。**你需要的，是一個捨得挑戰你，勇於跟你爭辯，不惜犧牲和平，卻能讓你改進的對象。**

像我的朋友琳達，為了幫助老公戒酒，使盡各種溝通方法和手段，她監控他的社交應酬，幾乎到了諜對諜的狀態，差一點就要鬧離婚，但她堅持了下來，最終贏得更穩定的婚姻。

「我大可以睜隻眼、閉隻眼，反正家裡的錢都我管，其實我自己可以過得很好，」她說：「但是，我選擇了與他衝突，因為他曾對我說過一句話。」

「什麼話？」我說。

「他曾經跟我說『其實，我也不想喝了』。」

這是重點！自己的缺點，只有自己可以改變，如果你曾經表示過希望改變，那當自己缺乏動力、對自己食言的時候，真正愛你的人也不會輕易放你一馬。

他們會冒著自己被嫌棄、被怪罪、被討厭的風險，硬著頭皮挑戰你，就憑你曾經說過的：「我想要變得更好。」

我們都很容易被自己的鏡像所誘惑，尤其遇見一個與自己價值觀完全相同的對象時，會欣喜若狂地覺得找到了靈魂伴侶。或許這種契合的感覺很棒，也很容易被認為是愛，但其中也隱藏著風險。

另一個朋友妮可就這麼形容：「以前我爸還會制衡我媽的政治立場，

但不曉得是他現在老了、太愛她了，還是擺爛了，他現在只順著我媽，兩個人越來越偏激，完全脫離現實，完全無法溝通了！」

請不要認為找個凡事都跟你一個鼻孔出氣、什麼事情都站在跟你同一邊的人，對你是好的。他可能對你好，但也使你的成長停滯。兩個真正在乎彼此的人，是能夠挑戰彼此錯誤的觀點，喊出彼此的心裡話，甚至適時在過度「自我感覺良好」時澆點現實的冷水；為的是讓你所在乎的人，不要敗在自己的傲慢陷阱中。

當然，這並不表示我們要去找刻意唱反調的人，對方的初心很重要。有些人為了愛辯而辯，甚至不惜強辯。有些人扯你後腿，只為了展現他們自己的優越。更糟糕的是，有些人還會用「為你好」的名義，澆熄你的夢想、打擊你的信心，讓你覺得只有他的肯定才是真正的肯定……這種人有可能是控制狂或自戀狂，你必須離他們遠遠的。

但如何分辨呢？好問題！我有兩個建議：

1問對方：「幹麼這麼在意這件事？」

然後靜靜地聽他解釋。他是真的為你著想、為了你們共同的好，還是只想證明自己是對的？仔細聽，兩者有明顯的差別。

2他有沒有因你而改變？

自戀者和控制狂只想改變別人，但其實兩個真正在乎彼此的人，也會為對方妥協。就好比你是理想家，他是務實派，你講的夢想讓他翻白眼，他說的計畫讓你覺得太短視，但說不定最好的規劃，就是既有夢想，也考慮到務實層面。你們都往彼此的方向踏一步，反而更穩。

有句話說「**在最好的交易中，雙方都會覺得自己被占了點便宜**」。其實感情也一樣，也許你們有磨擦，但你發現觀點的碰撞讓你想得更周到。也許他會挑戰你，但你因此有了進步，然後你也不示弱地還以顏色，把他推出了舒適圈，不知不覺之中，你們都改變了，而且變得更好！

這時候你或許會說：「我們常吵架，但對彼此好。」聽到這句話，我會祝福你！

人生的關鍵推手

或許，在我們人生的很多時刻，
都有一些注意不到，卻引起關鍵作用的人事物，
一個個連接起來，
把我們推到現在的人生……

人生中，有哪位老師對你影響最大呢？
在我的意識中，幾乎每一位遇到的老師都對我的人生有影響，但是哪一位影響最大，還真的很難量化。
因為並不是所有老師都是所謂的「好老師」，就是那種會督促你學習、讓你功課變好的老師。相反地，他可能有一身的毛病，卻在某個重要

的關鍵點上，提供你決定性的幫助。

就像我在美國時的一位數學老師，從小學到國中，我跟著她學習了有三年時間。這位女老師體重大概有一百二十公斤吧！四十幾歲，單身，燙著一頭鬈髮，體型大，嗓門也大，罵起學生來非常有勁兒。

這位老師絕非是最有耐心的，也並非是最懂得教育的，但她做了個舉動——把班上數學比較好的學生，在課後留下來，接受更難的習題挑戰。當時一共有六個同學被留下來，我是唯一一個男生，其中還有當時的班花，所以國中的我還挺開心的。

因為爸媽那時都要上班，沒法來學校接我，所以每次輔導結束後，這位老師就會開車送我回家。

她的車是一輛老古董，裡面塞滿各種亂七八糟的垃圾和雜物。我每次都得先把那些速食店的餐盒、薯條撥到一邊，才能找到空位坐下來。

老師一坐進車裡就完全變了個人。車子才開出學校，她就掏出香菸，一根接一根地抽。搖下車窗，大聲放著她喜歡的老搖滾音樂，每當路上有車子不遵守交通規則，或者突然切到她車前，她就會把頭伸出窗，破口大罵，各種顏色的國罵都出現。

如果是今天的我，遇到這樣的老師，可能會想辦法開導她，認為她可能平時太過壓抑，心裡有很多憤懣等等。但那時候的我還是個小屁孩，所以只能呆坐在車裡，什麼也不敢說。

這樣一位老師，你覺得對我的影響會是什麼？她在學校裡確實非常認真，但她教會了我們更多嗎？其實也沒有。只不過她每次都多花一些時間，為我們加強輔導，然後送我回家。

但就是在我國中畢業、即將升高中時，爸媽接到校長的電話，建議我去考史岱文森高中。我們都有點詫異，因為我住在紐約郊區，大家都是就近讀住家附近的高中。

後來才知道，是數學老師強力建議校長讓我去試試，然後校長才打了電話到我家。

或許，她可能在我身上看到更多的潛力，有一些愛才之心，所以才這樣做，但在這之前，我都不知道她對我會有這樣的期待。

後來的故事，就是我真的考上了史岱文森，從那裡又申請進了哈佛。而這次選擇，也確實改變了我的一生。

我至今都非常感謝這位數學老師。她並非那種一般意義上的「優秀教師」，從一個普通人的角度，可能她也不會特別招人喜歡，但就是她給了我肯定、信任和邁向更大世界的機會。

所以，你說「影響」這件事，要如何來界定呢？或許，在我們人生的很多時刻，都有一些注意不到，卻起了關鍵作用的人事物，一個個連接起來，把我們推到了現在的人生。

第5章

—Reboot—

看見，不遠處的那道光

該如何重啟人生，迎向未來？
需要什麼的時候，就找。
需要學什麼的時候，就學。
學得不夠？不再是藉口。
動手做，就對了！

何謂美好人生？

錢賺得越多，就越滿足嗎？
事實並非總是如此。
錢所扮演的角色應該是協助我們優化條件，以建立更多機會、更多自我成長的可能性。

假設有三個人，第一個人年薪四萬美金，第二個人年薪十二萬美金，第三個人年薪二十萬美金。他們都未婚，一樣都是三十三歲，你猜猜看，誰比較滿足？

聽到這樣的問題，聰明的你一定會說：「滿足感，這是個主觀的問題，要看每個人的個性差異，這個問題本身就有問題！」

我承認，滿足感是相當主觀的，但根據二〇一八年蓋洛普組織在全球做的「生活滿意度調查報告」，統計了全球一百七十萬份的問卷回覆之後，他們發現，年收入與生活滿足感呈現正比的關聯。換句話說，賺得越多，也就越滿足。不過，一旦年收入超過所謂的「滿足線」（satiation point），這個正比關聯就變得微不足道。甚至，在某些情況下，賺得越多反而越不滿足。

這個滿足線，在不同的國家和地理區域也有差異。澳洲和紐西蘭的滿足線是全球最高：十二萬五千美金；拉丁美洲和加勒比海島國的滿足線最低：三萬五千美金；東亞地區，滿足線在十一萬美金。

如此推論，我們可以猜出前面問題的答案——年薪二十萬美金的人第一名，但年薪十二萬美金的人的滿足感跟他幾乎平手。而年薪四萬美金的那位，只要不是住在拉丁美洲和加勒比海島國，八成都是遠遠落在後面的第三名。

既然「滿足線」是個平均值，那你的「個人滿足線」在哪裡呢？

一般人大概不會這樣問自己，因為如果有機會可以賺更多，何樂而不為？說不定我們的滿足線已經遠遠超過平均值。但有可能我們自己也不知道，因此即使已經悄悄超越了那條線，也意識不到自己賺得更多了，但並沒有更滿足。或許我們越來越滿足，但同時，也因為我們賺得更多而有了更多的煩惱，例如親友跑來借錢、稅務局上門拜訪、生活開銷更大、要管理的事情更多等等，反而抵銷掉了原來應該有的快樂，這也就是嘻哈曲子裡面唱的「更多錢、更多的問題」（more money, more problems）。

現在的千禧世代以及之後的年輕人，與上一代最不同的心態，就是普遍認為「設計美好的生活」比「賺更多錢」來得重要。他們對精神層面、獨特的美好體驗等非物質的要求，平均來說比之前的世代都來得更高。**他們不只是要過日子，更主動追求美好人生。**

這很不錯！但是，千金難買的問題是：何謂「美好人生」呢？

去法國學製作甜點？去黃金海岸衝浪？回家鄉看親友們？是否美好，要看個人的心情和覺得什麼最重要，也得看自己在現實生活中，離那條「滿足線」還有多遠。

如果你覺得這一切都太主觀（我也這麼覺得），用一條「收入線」來衡量自己是否有資格滿足，未免太沒人性了！我們都想更了解自己，但是如果沒有一個準則，我們要用什麼方法來衡量自己的人生呢？

荷蘭有一位社會學者魯特・韋諾文（Ruut Veenhoven），在研究「美好人生」這個題目的時候，提出了一個很有意思的分法——以區分「外在vs.內在」和「機會vs.結果」的兩條軸線垂直交叉後，就形成象限圖，分別是：外在機會、內在機會、外在結果、內在結果。

外在結果，就是你的成就、財富、在社會中已經有的聲望；外在機會，則是你所居住地方的環境條件，包括社會和經濟發展、就業機會、公司裡的升遷機會等等；內在機會，是你的身心健康、對於未來的展望、對生活的期待；內在結果，則是你覺得自己已經達成的身心狀態。

這個分法，照顧到了一個很重要、但也常會被忽視的人性特點：**我們在當下的快樂和滿足感，也必須考慮到對未來的希望**。如果我今天過得很好，但我認為大環境沒希望了，可能就會變得保守、悲觀，甚至無法享受當下的美好。反之，如果我今天收入很低，但是覺得工作充滿了機會，也對自己的內心成長充滿期待，光是這個認知，就可能給我許多動力，讓我更願意忍受壓力。

試試用這個象限圖，給自己和所處環境打個分數。

先取一張白紙，畫上兩條垂直的線形成四個象限，從左上開始，順時針地寫上「外在機會」、「外在結果」、「內在結果」、「內在機會」。

在每個象限裡打上零～十的分數，並且條列出之所以給這分數的原因。寫完之後，再來看這些象限的分數高低區分。舉例來說，假如你給自己的「內在機會」打了高分，但「外在機會」分數很低，那就該思

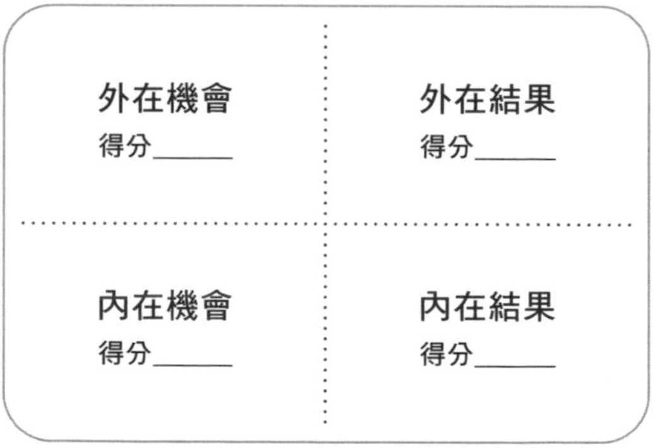

考：說不定要改變自己的大環境（例如換個地方住會更好）？假如「外在結果」很高分，但「內在機會」分數很低，就應該問自己：是否因為太忙著賺錢而忽略了身心成長呢？

當然，一個滿足的人生，絕對不是只有這四個面向而已，但這個分法比起單單一條「滿足線」來得更有意義。我們都清楚的是：「錢」不會是滿足感的唯一來源。「錢」所扮演的角色，應該是幫助我們優化各面向的條件，為我們建立更多機會、更多自我成長的可能性。

好好評估一下自己的生活，再做一些資源的分配和規劃吧！投資自己，培養一些技能和興趣，給家人多一些相處和溝通的機會。你也可以跟伴侶、父母、家人討論一下彼此的「滿足四象限」，看看是否能達成一些共識。

說不定，在討論的過程中，你會看清一些認知上需要建構的橋梁，甚至發現之前沒溝通過的擔憂和期望。

不怕失敗，只怕太成功

失敗會讓我們停下來，
迫使我們檢討、重組，
但太成功時，
卻很可能希望做得面面俱到而過度透支自己。

二〇一九年，高以翔意外離世。看到消息時，我覺得自己像是誤闖了一個平行宇宙——不是前一天才見到他嗎？那是一場跨產業的社交聚會，我們寒暄了一會兒，最後給彼此一個兄弟式的握手，我心想他比之前更瘦了，最後還跟他說：「下次不要隔太久再見啊！」

那句話彷彿還在耳朵裡，我實在難以相信他就這麼離開這個世界了。

他在寧波錄節目，事情發生當時正是深夜，戶外氣溫九度，他本來就感冒，又連續工作十幾個小時。當他體力不支，倒在花圃裡的時候，還一度被認為是節目效果。

網上許多人痛批製作單位：那麼長的工作時間，又那麼費體力的節目，現場還沒有緊急醫護人員，這不是草菅人命！

我其實很感慨，因為在亞洲劇組團隊工作過的人都知道，超過十五小時的工作日相當尋常。

以前在製作公司拍廣告，只要一開工，都是「從雞叫拍到鬼叫，連續幾天唉唉叫」。沒有人覺得這種工作強度合理，但劇組就是大家一起拚，精神恍惚了還能衝，那是一種榮耀。發現自己睡眠不足，心跳會變得很快很弱時，資深攝影師還跟我說，吃檳榔就會舒服一點。

殺青後，把器材搬回公司，這時候如果製片說要請吃消夜，幾乎沒有人敢提前告退。一堆已經累得語無倫次的人，幾杯酒下肚後更是東倒西歪，但感覺彼此關係也因此更親密一些。這種經驗會激發男人之間的情誼——假如有天在外面出事了，劇組的夥伴們會為你撐腰。

但這種兄弟規定（bro code）是什麼時候開始的？這種不成文的產業文化，是誰定的？反正大家覺得這種磨練就是必經的過程。而且我們總是會聽前輩們說他們那一代多辛苦，那時候的機器多重，導演多凶……之類的話，而這個產業就是有源源不絕的新鮮血液進入，每個菜鳥入行的時候也都有心理準備。對他們寬鬆一點，反而覺得對不起他們，也對不起自己曾經受過的折磨。我們認為拚體力、拚幹勁，就跟拚酒一樣，當一個人被逼到極限邊緣時，才能看到真正的人格和氣魄。

像高以翔這樣敬業的演員，在幕後工作群中也必定享有美名。大家不會只把他當張臉，而是會把他當自己人。這也容易讓他越走越順、越走越紅。而且他為人謙虛、沒有架子，即便工作忙碌，還是對朋友們有求必應。他看起來體力太好、太自在了，沒有人看出他或許已經到了極限。

朋友們感嘆：他那麼年輕，才三十五歲！但我卻惋惜：他都三十五歲了，還那麼拚！

我確實覺得人生需要一些自我挑戰，尤其在年少時期，能夠不斷突破自己的舒適圈是好事；但隨著年紀的增長，我們也必須學會如何慢下來，尤其當一個產業文化要你不斷衝刺的時候，我們也需要懂得什麼時候拒絕要求。

有個創業的朋友，最近在自媒體上寫了一句「不怕失敗，只怕太成功」。我很能體會他的意思。**失敗會讓我們停下來，迫使我們檢討、重組，但太成功的時候，人們很可能擔心錯失機會，希望做得面面俱到，**而這會過度透支自己的資源。越是有責任心、越是講義氣、越是個重視團隊精神的人，反而越容易在這種情況下錯估自己的體力極限。

總之，人就是一條命。身心健康應該是我們優先考慮的。如果你覺得自己有身心耗竭的症狀，一定要找時間休息、減少工作量，增加運動和睡眠時間，讓自己的身心得到恢復。**甚至，我們也要視自我節制為一種美德，讓它能取代那些作戰式、拚命衝刺的企業文化。**

不要因為太敬業，不能因為要為團隊負責，更不能把不合理的產業文化視為常態，把自己逼到透支。我的朋友回不來了，但我起碼還可以提醒別人，和現在的自己。

高明而委婉地說「不」

想要獲得職涯或生活層面上的成功，
絕不能一味地說「是」，
懂得「適當拒絕」是讓我們專注在真正重要任務的關鍵之一。

朋友是個平面設計師，原本在一間設計公司做得挺開心的，殊不知上次聚會突然嚷嚷快受不了了。原來他的部門近期人事調動，團隊調來了一位資深同仁。那同事總想著要討好主管，好在年底時爭取升遷，所以很多不合理的專案都一股腦兒地答應下來。

「她最喜歡晃過來說：『幫我設計個海報吧！簡單就好，不礙事吧？』但她不知道，海報設計視覺上要突出又和諧，需要花我多少時間？」朋友嘟囔著：「一次、兩次幫忙，我倒沒什麼，但已經好幾次了！我自己原本的設計都要加班才能完成，好累！」

同桌的朋友都勸他好好拒絕對方、說出自己的難處，不然這樣一直加班也不是辦法。只見他露出更苦惱的表情：「但我一想到她是為了工作請我幫忙，就不好意思拒絕啊！如果我說：『不』，那場面會有多尷尬？」

在職場上，這樣的狀況並不罕見——自己明明已經很忙了，但同事突然有事拜託，我們或許因為不好意思拒絕，而硬著頭皮答應下來。結果，反而耽誤了自己手上的工作，事後感到懊惱之餘，可能還會氣自己有些懦弱，為何連一個「不」都說不出口。

如果以上的情況對你來說不陌生，那你並不孤單，很多人都是如此。

但拒絕人為何這麼難呢？

身而為人，我們大多需要確定自己有被同儕群體接納，並藉此建立起歸屬感，發展出社會中的身分與階層。因此我們很難拒絕他人，有時是想避免生活中和同儕間的衝突和僵局，並且希望能被喜歡的人接納。

另外，有些時候我們還會想到對方可能會失望，而不忍心拒絕。但現實是，我們的精神與體力都是有限的，不可能滿足所有人的需求。

蘋果電腦創辦人賈伯斯曾在接受美國《商業週刊》訪談時說過：「只有學會說不，你才能專注在那些真正重要的事情上。」這說明了如果要獲得任何職涯或生活層面上的成功，我們不能一味地說「是」，懂得「適當拒絕」是讓我們專注在真正重要任務的關鍵之一。

那要如何委婉，不讓彼此尷尬地說「不」呢？這邊提供給有這類困擾的朋友一個「婉拒四步驟」：

1 停頓

當對方說出了一個讓你為難的要求，回應時可以運用表情和一些發語詞。比如說露出沉思的表情並且發出「嗯……」的聲音，停頓至少三秒再回答。這時候大部分的人，已經可以隱隱感受到你不是那麼方便，甚至有些困擾。而這樣的開場，也可以讓你有空檔去思考自己的狀況，並醞釀接下來的台詞。

2 讓對方知道你理解他的處境

倘若你面對的是一個想跟他維持良好關係的人，而對方平常為人也挺溫和的，只是這個請求來得不是時候。那你可以用更同理的方式，讓他知道你有思考過他的立場。比如：「我知道你最近接了很多專案、非常忙碌，也確實需要有個人幫忙設計海報……」或者簡單一句：「我明白你的意思，但是……」

3 堅定說出自己的不便

你可以老實說出近期手上需要優先處理的事情，但切記不要帶著抱怨的語氣。如實說出你的困難，例如：「我最近手上有三個專案在忙，而且家人身體不好需要照顧，沒辦法像以前那樣常加班。」

這個時候大部分的人都應該要知道，你真的沒空幫忙了。

4 提供替代解決方案

最後一步，也是讓這個對話圓滿結束的步驟——**提供其他意見**。像是：「你可以試試問公司其他設計師，或是我可以幫你問問看認識的接案設計師。」若是比較簡單的問題，你也可以建議對方：「要不要上網搜尋看看免費工具，應該可以解決現在的困難喔！」

這一個步驟，可以使對方感覺到你對他的關心，不是因為不想幫忙而拒絕。

先停頓，再表示理解對方的處境，說出自己的困難，提供替代解決方案，你就可以在不失禮貌的前提下拒絕，也讓對方理解你無法出手幫忙的難處。

也許，剛學習開口拒絕，我們都會非常緊張。但可以試著在每次開口前提醒自己為什麼要拒絕對方——學會拒絕，才能把精力放在更關鍵的事情上。如同作者艾莉在《努力多久才可以喊累》裡所寫：「你體諒別人的為難，只好為難了自己。」**當我們答應他人的要求，要付出的隱藏成本不僅僅是自己的心力，還有與所珍惜的人的相處時間。所以，為了自己珍惜的人事物，不要氣餒，高明而委婉地拒絕是可以練習的！**

不要再當鴕鳥了

頭埋在土裡越久，
就越難拔得出來，
你需要試著諒解自己，
才能打破一些舊有的惡習。

假設你要擬定一個自我進步的計畫，例如減肥、養成運動習慣，你可能告訴自己：「這次一定要達成計畫！」

接下來一段日子，你很努力，知道自己每天都有一些進度，但沒有確實地記錄；直到有一天你突然發現，奇怪，怎麼一點進步都沒有？

這狀況，曾經發生過嗎？

無論做什麼計畫，只要是一個需要長期累積的計畫，規律地了解進度，是朝向成功的重要途徑。

在工作上，我們也都知道，應該要訂下關鍵績效指標（KPI）！訂是訂了，但是否有經常去比對、分析，卻不是每個人都會做。有些人還會特意迴避這麼做，給自己找各式各樣的藉口不去檢視進度，為什麼呢？

如果你也是這樣，有可能身陷於「鴕鳥心態」中，也就是「逃避面對進度而做出的躲避行為」。

英國社會心理學家托馬斯．李勒韋林．韋博（Thomas Llewelyn Webb）指出：**會有這種心態，是因為不願意承受自己可能浪費了時間、犯了錯，或其實已經進度落後的事實。**

但不幸的是，那些會逃避進度的人，往往也就是最需要追蹤進度的。以最常受這個心態所困的作家為例——如果沒有給自己一個清楚的進度排程，即便告訴自己：「每天都要寫！」也很難確保真的有進度。

去健身房的人，感覺自己瘦了卻不願面對體重計，也是相同的心態。

不過我必須補充一點：健身未必會減重，我們要的是練出健康、協調的肌肉，這樣才好。

但言歸正傳，之所以會逃避面對進度，有一部分來自於內心的恐懼——害怕發現自己擔心的事情成真，發現事情的進行不如預期順利。

當然，我們都知道，「鴕鳥心態」對事情完全沒有幫助。

想要達成目標，「進度追蹤」是必要的。之前就有研究報告，固定記錄讀書進度的學生，在數學作業的表現會比較好；定期追蹤健康的病人，會比較容易接受對他們有利的生活改變。

當然，失望的結果是很令人痛苦的。但如果你發現自己偏離軌道，也確認自己落後了，就能修正自己，重新擬定計畫。你必須告訴自己：進度落後的打擊只是一時的，寧可及早發現進度落後，早一點開始改變，也不要等到火燒到屁股了才來面對現實！

如果你怕自信心受創，提醒自己別當個完美主義者，搞砸了不算什麼，重新出發一點也不丟臉，這只是過程的一部分。

韋博還建議：**請同事協助，提醒你進度，或設定一個自動提醒系統來**

確認進度。韋博的團隊也發現，人們在心情好的時候比較願意追蹤進度，也比較不會因為進度落後而責備自己。

所以，給自己一個小鼓勵吧！先聽壞消息還是好消息，這就由自己決定，但一定要面對現況。把頭埋在土裡越久，就越難拔得出來，你需要試著諒解自己，才能打破一些舊有的惡習。

不要再當鴕鳥了！

假如你無法管理時間

定時，每天固定時間創作。
定量，每天不要做太多。
「定時定量」是創意人維持豐富創意的祕訣。

我有好幾個工作身分，手邊也總是有好幾個案子同時進行，而且家有妻小，許多人認為我一定很會管理時間。

但我必須坦承：我對時間的判斷時常「過於樂觀」。估計要花三小時完成的工作，我會花五小時以上；估計半小時的車程，實際上是四十五分鐘；跟朋友吃午餐，自認只聊了一個鐘頭，對方卻可能笑著提醒：「喂，老大，快兩個小時啦，你不是要回去上班嗎？」

如果每個人心裡有支馬表，那我的，肯定生鏽了。

時間管理，是許多人的通病。給我們兩個鐘頭，我們會用三個；給我們十個鐘頭，我們會花上半天。

這個問題實在難解，尤其對於創意人、自由工作者或完美主義者來說，在我們眼裡，達到自己的水準永遠只差那麼一點點。

如果你是這種人，我要說：恭喜！這不是說反話，其實，對自己要求很高、追求進步、self-motivated，這很棒！只不過時間總是超支、睡眠不足、黑眼圈、脾氣暴躁、精神焦慮，這當然就不好了！

我就很納悶，我爸的繪畫和寫作產量極高，但看他每天下午三點半才進辦公室，六點半吃晚餐，吃完再工作一下，八點整去散步，時間規律到可以用他來設定時鐘。

我問他如何辦到的？他就露出老禪師的樣子說：「要維持豐富的創意，你必須讓生活極簡。」

也確實，我爸在家吃飯時，都要我們先幫他把菜夾好，放在面前，他吃完就成，不用做任何決定。請客外食的時候，也只認那兩家餐廳，平日則足不出戶，可真稱得上是個「大宅男」。

但我每天都得外出開會，總是有朋友邀約吃飯。我相信多數人都是這樣，生活中有相當多的機動性，我們也時常突然覺得想要做某件事，就去做，畢竟我們工作是為了生活，而不是生活為了工作，你說對不對？

「極簡」不成，退而求其次，我則開始實驗「定時定量」。

「定時」，就是每天固定時間創作。

「定量」，就是每天不要做太多。

我現在固定每天早上九到十一點寫作，逼自己關掉手機和 Wi-Fi，減少所有的干擾，手邊放一張紙，若想起別的事務，先在紙上寫下，以免分心。重點是：十一點一到（這時就要對自己狠一點了），就算寫到一半，也得強迫自己離開電腦。

身為創意人的你，可能知道以上最需要狠勁的不是「開始」，而是

「停住」。好不容易有了靈感，疏通了思路，就應該打鐵趁熱，一氣呵成，不是嗎？

不是——我後來發現「完美主義」和「一氣呵成」無法並存。完美主義會讓你一直工作到沒力氣才停，但其實你早就應該停了。

有完美主義的創意動物，就是需要被馴服。

馴服牠，就是得讓牠挨餓，給牠限制，不能讓牠為所欲為。

以我的經驗，如果可以讓自己的創造力固定在每天同一個時間發生，把一個案子分成好幾天完成，會比馬拉松式的埋頭苦幹和熬夜來得輕鬆得多，而且事成後仍然還有力氣，平日也可以活得比較像個人。

只要基因夠強，創意動物遲早會找到生存的方法，開始獵食靈感，不再眼高手低，而開始挖根莖、就地取材、隨機應變，反而更有創造力。

所以，如果你是創業家、freelance、一人公司或一直想做些「有創意的事」的人，我的建議是：定時定量！用時間把創意動物框住，逼牠跳火圈、走鋼索，該跑就跑，該停就停，直到牠被馴服，才不會讓牠牽著你的鼻子跑。

假如你無法管理時間，就讓時間管理你！

面對權威的最佳姿態

從小比較聽話的小孩，
長大後面對權威，容易沒底氣。
這時先不要自怨自艾，提醒自己對方也曾經是菜鳥，
姿態大方、自然地互動，就會有好效果。

面對權威或比自己級別高的人，你會感到沒有底氣嗎？

前幾天，有位朋友留言，說自己很苦惱這一點，從小時候被老師叫去談話，到工作後和主管打交道，不管是為自己爭取資源、談升職加薪，還是遞交辭職信……總是感到自己很怯懦。明明做了很多心理準備，真正談的時候，突然就沒了自信，容易被對方說動，或是收回自己的想法，覺得

自己很沒用……

關於這個問題，首先我想說，不要看成是自己「怯懦」和「沒用」。因為面對權威時，我們都容易少一些信心、少一些底氣，在潛意識裡覺得自己不如對方。這是人之常情，或者說是近乎本能的心理狀態。

尤其是從小比較聽話、比較乖的小孩，長大後更容易有這樣的心態。我自己就是這樣——從小就怕老師，到了美國念的又是教會小學，學校裡的修女和神父都非常嚴肅，忍不住就會心生敬畏，甚至害怕。

所以，先不要自怨自艾，就當成是種正常的心理狀態。那麼，要如何解決這問題，坦然地和位階較高的人講話呢？

有個比較有效的方法，就是提醒自己：**這些人，無論社會地位多高，看起來多麼老練、多麼有經驗，都曾是新人、曾是菜鳥。他們剛入行的時候，說不定也像你現在這樣，要抬頭看那些高高在上的權威，不敢發言。**

當你用這個角度去看對方，把這個心態放在心裡，和對方講話的時候，就會多一些坦然和自信，比較不怕會出錯。說不定有意無意間，對方還會從你身上看到他們年輕時的樣子，會多些呵護心和同理心，你也能找到更多的溝通空間。

另外記住一點，不用刻意表現，自然就好。有些人會覺得在主管、權威面前，要裝得很厲害、很積極地互動，甚至打斷對方的話來表達自己的觀點，會顯得自己很優秀，給對方留下深刻印象。但其實這都是要盡量避免的行為，因為你很容易被「看穿」，讓雙方的對話變尷尬。

讓對方把話說完，再根據他說的話予以反應，你也正常地表達看法，讓雙方的對話有個自然發生的空間。

在這過程中，你當然會有壓力、會緊張，但這些都是正常的。你要注意的是，不要因為緊張而下意識地做一些小動作，比如抖腿、啃手指或者頻繁看手機。倒不是怕讓對方覺得你軟弱，而是你緊張，可能也會讓對方感覺緊張，產生「鏡像效應」。

就大大方方地站得挺、坐得直，像我曾提過，良好的身體姿勢會帶來更融洽的觀感，達到良好的互動關係。

想要更進一步改變這種談話的心理狀態，還是要從自身的實力去改善，積累更多的成績、業績，和不同的人頻繁交流，讓自己在實踐中磨練出良好心態，變得更自信和堅定。這是解決問題的根本之道。

在此之前，無論是面對權威還是大人物，展現真實的狀態就好。我相信比較有同理心的權威，就算是行業裡讓大家尊敬甚至望塵莫及的超級大咖，當他們面對年輕人時，你越稚嫩、越真實，他們越會照顧你的感受，耐心等待你的成長。

美國演員喬瑟夫・高登-李維（Joseph Gordon-Levitt）是童星出身。有一次，他接到一部戲，導演是勞勃・瑞福（Robert Redford），也是拿過好幾次奧斯卡獎的著名演員。

拍戲的時候，演員們都需要「走位」——地上貼有許多標記，演員要走到正確的位置，因為燈光、鏡頭都是設定好的，在那位置的拍攝效果最好。但因為他年紀小，又要背稿、又要表演，走位總是出錯。可以想想十歲的小孩，在一個有一百多人的片場，所有人因為你的錯誤，要等著你、看著你，那是什麼樣的心情。

攝影師安慰他說：「孩子，你就走慢一點，仔細看地上的標記，好嗎？」

他說好，但其實心裡更緊張了。

就在開拍前，導演走過來，在他耳邊，用只有他能聽見的聲音輕聲說：「不用擔心，**我從來沒有第一次就走到標記。**」就這麼一句話，他所有的緊張一下子全不見了。

這真是一句充滿智慧的話，也是一個真正值得尊敬的權威、長輩應該做的——體諒年輕人的緊張和壓力，用同理心來包容他們的不足，等待他們的成長。

當你終有一天也成為別人眼中的權威、大咖時，希望你也能像面對曾經的自己一樣，來對待眼前那個忐忑又緊張的年輕人。

越厲害的人，越懂得低調

願意面對自己的無知，
才能擴大學習的眼界，
虛心接受別人的指教。

有句話叫「無知者無畏」，有沒有道理呢？有！越是什麼都不懂的人，越是有自信、越是自我感覺良好，看不清自己或者不願承認自己沒那麼強。

這種現象有個專有名詞叫「達克效應」（the Dunning-Kruger effect）。它以研究這個現象的兩位學者——大衛・鄧寧（David Dunning）與賈斯汀・克魯格（Justin Kruger）的名字命名。達克效應說：人們往往會高估自己的能力，認為自己是高於平均水準的；能力越差的人，越容易對自己產生過高的評價。比如我們常在社交媒體上，看到有些人在評論區指點江山、縱橫捭闔，彷彿天底下只有他最知道某件事是怎麼回事、該怎麼處理。還有一些人明明自己的生活過得一塌糊塗，卻習慣去指點、指導別人該如何生活。

相反地，一些真正的商業大老或者學富五車的專業學者，見多識廣，本該是最自信的人群，因為見過了廣闊天地而自知不足，反而對萬事萬物持有謙卑敬畏之心。

那這種達克效應的心態，是怎麼來的呢？

第一個原因，來自「好勝心」。

人們在自我評價的時候，會有一種想要表現得比別人更好或起碼是「中上水準」的好強心，這很正常。但是有些人的好勝心和競爭心特別強烈，他們時刻在關注自己是不是贏了別人、比別人好。好強心讓他們在評估自己的能力時會自動加分，不僅僅是為了對外吹牛，也是為了保護自己的自尊心。

第二個原因，在於「自我覺察」與「環境覺察」的能力不足。

舉例來說，如果你只是一個領域內的初學者，對於所學知識一竅不通或只是略知一二，碰到問題的時候，你可能不知道問題出在哪兒、如何修正，甚至根本不知道那是個問題。這就是「自我覺察」的能力不足。

另一方面，作為門外漢，你會覺得很多事好像很容易做到，看起來不難。殊不知別人做起來很輕鬆的動作，都是經過了一次又一次的練習，你並不知道別人厲害在哪裡。這就是「環境覺察」的能力不足。

不要以為達克效應只存在於「無知者」，它在很多方面都影響著我們。比如開始學一樣東西時，因為入門部分容易，自信心會迅速攀升，覺得「不難呀」；慢慢學到更多時，你會和更多人比較、遇到更多的困難，此時你的自信心就會開始下降；只有當你慢慢精通這項技能，自我認知才會漸漸矯正。那麼，如何克服「達克效應」帶來的負面影響呢？

第一點，你需要「真實的回饋」。

找一個信賴的人或是你想提升的領域的導師，定期向他請教，讓他給你真實的回饋，盡量具體一些，不要是單純的好與不好。越具體，對你越有幫助。你必須要強迫自己把這些刺耳的回饋聽進去。要告訴自己，唯有準確地知道自己的狀態，才有進步的方向。

第二點，也是最重要的：你需要持續地學習。

多接觸這個領域的專業知識和理論，多和成績突出的人互動，持續提問，思考自己哪裡不足。當你越了解、越精通一件事情，你就能越準確地評估自己的能力。

「我只知道一件事，那就是我一無所知」。請牢記蘇格拉底的名言，願意面對自己的無知，才能擴大學習的眼界，虛心接受別人的指教，並時刻提醒自己：**在學習過程中，認真地進步比排名更重要**。

認清才能認同、認同才能認真

在制定目標時，
我們最需要的，就是先認清自己的動機。
認清才能認同，認同才能認真地奮力一搏！

有個朋友跟我說，前一陣子回家，發現自己對父母越來越有意見，卻又厭惡自己「沒主見沒能力」，不確定未來是否有能力買房子獨立；婚姻方面，則認為自己「脾氣太臭」，因此對感情不抱太多信心。

很明顯，這位朋友帶著許多心結站在人生路口：關於家庭、關於自己、關於工作能力……好像有很多「任務」要完成。不過我認為，**每個人來到世界上，最大的任務就是找到屬於自己的幸福感，活出最好的自己。**

但這個過程沒那麼容易，這一路上，你一定會聽到周遭的各種聲音，不同的價值觀相互碰撞，有時甚至還會對你造成束縛和干擾。比如，有人很自然就跨入了婚姻的殿堂，有人卻堅持不婚主義，活得也很自在；有人選擇擁有一間房，但也有人十分瀟脫地選擇環遊世界。

這些人做的選擇不盡相同，但關鍵詞都是「自在」。

就如這位朋友認為自己應該要買房子、覺得自己脾氣太臭、對感情不抱信心，但他是否可以問問自己：買房子，是渴望有一個家、有一份歸屬感，還是為了享受獨居的快樂？

如果是因為脾氣臭而拒絕感情，而不是因為覺得單身很自在，不妨去假想一下擁有房子之後的生活狀態，是帶給你平靜，還是短暫逃離父母的嘮叨？是安全，還是馬上尋找下一個階段的目標？

我認為，每個人在實現自己的過程中，金錢、成就、地位等等會隨之而來，但如果不知道自己所要實現的是什麼，單純以物質作為追求目標，你可能會獲得短期的動力，但目標實現之後呢？

如果你不想買了第一間房，又想買第二間、第三間……這樣無止境下去，卻得不到真正的快樂和滿足，那就要正視自己的感受，重新思考「我需要什麼」這個課題。

也許你在面對自我的過程中，發現想要的不是塞滿了東西卻依然空蕩蕩的房子，而是希望有一個人和你一起構成這個「家」，你們可以一起做飯、一起看電影，每天打開門，都有屬於自己的一盞燈。

那麼，你就要面對實現它的阻礙，自己的足與不足。假設真的是脾氣臭，使你無法實現這樣的渴望，就要放下身段、修正脾氣。

另外，很多人年紀越大，越發現自己和父母的觀念習性其實很像。甚至我們可以說，整個心理學就是逐步發覺「自己在成長中是如何無形中被塑形的」。

有些觀念雖然老舊，卻是好的，是經過時間累積下來的智慧，或是值得保留的美德，比如禮義廉恥、節儉、尊重……這些在現代社會也同樣需要。就像當我們看到時尚產業對全球環保所造成的負擔，必須捫心自問：

過於商業化、喜新厭舊，是否能讓我們在這個地球延續下去？這時，那些節儉、樸實的「舊觀念」，就尤為可貴。

這時候，發覺自己與上一代有相似之處，就是讓我們檢視這些相同點的最佳機會。如果你也認同，就飲水思源，好好感謝父母傳承下來的觀念；如果發現某些舊觀念已不適用，比如階級觀念、種族觀念、刻板印象……不妨用理性去克服這些舊觀念。

但，如果你發覺這些成了你性格中根深蒂固、難以改變的一部分時，可以試著寫下為什麼想要改變——搞清楚為什麼，這非常重要。然後，擬出改變計畫。

我認為，**性格和習慣確實不容易改變，但不意味著沒辦法改**。**我們可以通過每天小小的進步，積累成一個大的翻轉**。比如，你常買便宜貨又不捨得扔，那麼你可以給自己一個挑戰：每星期淘汰一件不那麼需要的東西，捐掉也好，回收也好；每週限定自己購買物品的件數，針對這一點，你可以列一個購物清單，避免在不知不覺中買下不必要的東西。

在制定目標時，我們最需要的，就是先認清自己的動機。認清才能認同，認同才能認真地奮力一搏！

無所求，才能無所不有

不是要你完全無欲無求，
而是你不再跟自己的內心繼續打架。
學會放下，放得下之前的，
才能拿得起後面的。

有一句話是這樣說的：**你必須非常努力，才能看起來毫不費力**。

不過，你是不是有過這種時候——覺得自己不管再怎麼努力，也無法實現目標？可能是有不可抗力的因素，但有時又懷疑是不是自己能力不足，才導致看起來好像很「失敗」呢？

我朋友在一家外商公司上班，每天在崗位上兢兢業業、力求表現，他做得也沒有不好，提案總是能獲得老闆稱讚。但有一天，部門裡來了個新人，竟然做著做著就被升職調到國外的部門了！而他，還在同個位置上做同一份工作。

的確，我們周遭充滿許多再怎麼努力也徒勞無功的事。有人想考公務員卻怎麼也考不上，有人不管怎麼減肥都沒有效果，也有些人選擇出來自己創業卻失敗……人生就是這樣，甚至有時候我們越追求，就越得不到。碰到這樣的人生低谷，除了自怨自艾，我們還能用什麼方式，讓自己不被低潮淹沒呢？

1 請你和自己對話

首先，如果你已經盡力了、努力過了，請先告訴自己：「我也付出了不少努力！」因為努力，不是容易的事。努力，是因為你知道自己想要追求的事物是什麼，並且，付出行動去追尋想要的目標。有多少人連自己要的是什麼都不知道，每天渾渾噩噩地過日子。所以我想請你給努力過的自己一個掌聲，因為這很值得鼓勵。

2 請你試著接受

如果你已經用盡一切努力，事情仍舊沒往希望的方向前進，那就打從心底接受吧！因為我們不能改變外在的環境和別人的想法，我們能做的，是調整好自己的心態。如果事情真的不能如我們所願，不如就接受它，轉個彎，才有更多的選擇可以走。當你發現自己再怎麼汲汲營營，也達不到理想的時候，請你放寬心，試著接受它，別把自己逼得太緊，也別想著要改變別人。

3 請你把目光放遠

有時，我們只會專注在眼前的事物上，卻忽略了長遠的發展。例如前面提到的朋友，他覺得自己明明不差，憑什麼別人可以比他先升職？不過，當他試著放寬心、釐清自己的角色，並持續有自信地在喜愛的崗位上發揮時，他的能力就被更多人看見，甚至老闆也注意到，他其實有某些意想不到的能力！當我們把心態放輕鬆，持續在自己的領域上發揮專長，也許，有許多你想都沒想過的機會就送上門來了！

因為**當你的目標明確，就不會為了過去的得失而在負面情緒裡空轉，你也才更能察覺到那些對你長期發展有真正幫助的人事物。**

這就是一個格局的概念。**你的格局放大了，你的好運雷達也跟著放大**，也就是所謂的「當你無所求時，才會無所不有」。

現在我們知道，不是要你完全無欲無求，而是不再跟自己的內心打架。**學會放下，放得下之前的，才能拿得起後面的。**

爸媽，我在外面一切都好

每個人都希望家人以我們為榮，為我們驕傲，
我們也希望他們能夠放心，
知道我們在外面一切安好。

「朱記餡餅」曾經拍過一個微電影廣告，才短短兩分鐘的長度，居然讓我看得淚流滿面。

故事描述一位剛入社會的年輕人的第一份工作：在劇組裡擔任打雜的製片助理。他騎著堆滿便當的機車，整天聽導演的使喚，每天累得倒在沙發上就睡著，帳戶還是每月透支。有天，他夢見母親來看他，給他煮水

餃。他和母親有說有笑，頓時醒來，發現還是自己一個人，看著桌上還未沖水的泡麵。

這時他拿起手機，看著母親之前給他錄的影片，叮囑他在外工作，一定要好好照顧自己。隨著母親的聲音，年輕人走進廚房，給自己煮了一碗水餃，一邊吃著，一邊反覆看那段影片，含著淚說：「我有好好照顧自己喔，妳不用擔心。」

我們這時才知道，這位母親已經離開人世，她為兒子錄的這段影片是年輕人在異鄉的唯一思念。

是不是很大顆的洋蔥？

這支廣告所描述的心酸，相信許多人都能體會。現在，越來越多的年輕人離開家鄉北漂奮鬥，和家人相聚時間越來越短。要怎麼做，才能維繫和父母的感情呢？

雖然現在人人都有手機，視訊聊天也很方便，但很多時候，你可能拿起電話又會放下，覺得自己還沒準備好，好像一旦接通了電話，又要被父母詢問各種問題：工作怎麼樣？有好好吃飯嗎？你怎麼瘦了？有對象了沒……

光是想到這些問題，就覺得需要做一個足夠的心理準備，才能拿起電話撥通號碼。尤其是逢年過節的時候，回到家更要深吸一口氣，然後邁進家門，迎接家人的十萬個問題……

坦白說，我在這方面做得也不夠好，很感謝我父母的善解人意，而太太也給我很多的幫助。

英文中有句話 No news is good news，意思是「沒事就是好事」，但並不是事事如此。和父母維繫感情，最好的方式是建立一個常態或固定溝通的關係。

雖然我們感覺家總在那兒，每次打電話，父母也好像沒有變，好像都是在老家固定地生活，但其實我們和父母都在不斷地改變。工作和生活讓我們不斷發生變化，父母也是一樣。很多朋友和我說，當他們意識到要和家人經常保持聯繫時，就是上一次回到家，突然發現父母駝背了、走路變慢了，或是生病了。

希望我們都能早點意識到，當我們離開家的那一刻，和家人的關係就無可回轉地發生改變。我們要接受這個改變，並且珍惜每一次和家人溝通時的彼此分享。

我的二阿姨在這方面做得非常好。我的外公、外婆和我父母住在紐約，有二十幾年沒回台灣了。二阿姨住在台灣，她每週會固定時間（紐約時間週六晚上）打電話給我外婆，至少半個小時。

雖然外婆已經行動不便，但每到週六晚上，她一定會提前梳洗準備好，坐在電話旁邊等待電話鈴聲響起。

如果我們也能定期地給父母打電話，想像一下，父母親坐在電話旁邊，期待鈴聲響起，那是多麼動人的畫面。

當然了，父母也要面子，往往電話接通時，都會沒好氣地說：「幹麼？怎麼啦？終於想到我們啦……」我們要聽懂那些氣話，看懂那是保護色，其實他們是在撒嬌。

還有個建議，這也是個溝通技巧：你可以想一個小問題，把它變成A或B的選項，向他們徵求建議。

比如：我想穿這件或那件衣服去參加聚會，但不知道選哪一件，你覺得呢？或者哪一個牌子的水餃比較好吃……雖然聽起來是無關緊要的問題，但這個技巧的重點在於，如果你問的是你真正需要認真思考、會影響生活的事情，多數時候你心裡其實是有答案的。如果父母給你講一大堆大道理，那很容易讓大家都情緒化。所以，用個無關緊要的小問題開始會比較好。

人都喜歡為關心的人回答問題、提供建議，所以，問些小問題，讓父母覺得他們幫助了你，這就是很好的溝通橋梁。特別是如果你能一週溝通一次，光是討論這一週的事，就有很多可以說的了。

我太太在這方面做得也很好，基本上每週日都會撥個 FaceTime 到紐約家，讓爺爺奶奶看一下千川，光是看到小孩他們就很開心了。

我剛上大學時，學校曾經給新生家長寄一封信，其中寫道：「你的孩子即將開啟一個非常精彩的歷險，過程中他會有很多改變，或許讓你一時無法適應，你可能發現原本一心要當醫生的孩子，下一次回家時竟然染了頭髮、滿嘴都是舞台劇台詞。這時，我們希望你知道，人本來就是不斷地在探索、在修正，你只能相信孩子們都希望自己變得更好，你也只能相信他們希望讓你為他們感到驕傲。我們能夠做的就是一起聯手成為他們的後盾，讓他們能夠安心來探索，為自己做最好的決定。」

我很喜歡這一句：「我們能夠做的就是一起聯手成為他們的後盾。」

俗話說，天下父母心，我相信也有天下子女心。我們都希望家人以我們為榮，為我們驕傲。我們也希望他們能夠放心，知道我們在外面一切安好。希望我們都可以和身邊關心我們的人保持聯絡，維持該有的親情和關懷。

還有，如果你隻身在外，請聽媽媽的話，好好照顧自己。

勝利者的多重姿態

終究會有那麼一天，你必須上陣。
願你在那緊要關頭的一刻，也能像大衛一樣，
放鬆、全神貫注，以滿滿的信念，把能力發揮到極致。

十五世紀，托斯卡尼地區挖出了一塊非常漂亮的大理石，這塊大理石除了巨大完整外，顏色也是出奇地白。當時很多雕刻家都對這塊石頭心動，卻又紛紛退下，因為細看後發現這塊石頭雖然外表很美，裡頭卻有不少瑕疵，雕刻家們擔心刻到一半，石頭會整個崩裂。

於是這塊漂亮的大理石就在戶外閒置了幾十年，直到一位年輕藝術家接下這個挑戰。這位年輕藝術家就是米開朗基羅，當時才二十九歲。很多

藝術家覺得他年輕狂妄、自不量力，在一旁等著看好戲。

米開朗基羅花了整整兩年的時間，全心全意跟這塊石頭相處，執著的程度近乎精神強迫。他睡覺時穿著鞋子，就為了醒來能盡快開始工作。也因為工作室太小，他必須要在庭院裡雕刻，即便下雨，他也會淋著雨，全身濕答答地繼續努力著。

他的創作題材「大衛和歌利亞」來自舊約聖經——以色列人和非利士人打仗時，非利士軍隊派出一名叫歌利亞的巨人，個性相當凶猛。以色列軍隊裡沒有任何人敢與巨人挑戰，因為那擺明了就是送死。這時，竟然有個年輕的牧羊人自告奮勇，那就是大衛。大衛不僅手無寸鐵，身上更沒有任何盔甲保護。非利士人見到大衛後開始狂笑，準備看他們的歌利亞剝下這男孩的皮。

大衛走上戰場，知道自己只有一次機會。他唯一會使用的武器，就是一條皮帶和五顆石頭。他把石頭綁在皮帶上快速地甩動著，瞄準後用力一甩，石頭飛出去，竟然直接擊中巨人的雙眼之間！歌利亞應聲倒地，大衛快步上前，拿了歌利亞的劍，砍下他的頭。以色列人士氣大振，一擁而上，非利士人則兵荒馬亂，反勝為敗。

「大衛與歌利亞」的故事精神深受佛羅倫斯居民的喜愛，也因此多次被當地藝術家當創作題材。不過每次大衛出現時，都是展現勝利姿態——踩在巨人身上或高舉著他剛砍下的頭顱。但米開朗基羅做了一個大膽的決定：他選擇呈現大衛剛站上戰場，準備擲出石頭，但勝敗未知的那一刻。於是，你所看到的不是戰勝後的驕傲，而是開戰前的忐忑。

奇妙的是，之前在照片上看不出的忐忑樣子，當我在佛羅倫斯藝術學院的美術館裡見到本尊時，卻在細節中深深感受到那股情緒。

我們一行人走進陳列室。在長廊的最深處，大衛站在圓頂之下，大約有五公尺高，四周的光灑落在他身上，矗立在那裡的大衛充滿生命力，好像隨時可以動起來似的。走近一點，你會看到他的眼神相當複雜，自信專注但又同時皺著眉頭，透露出一股不安。慢慢繞著他走，你會看到他的體態好像是放鬆的，但走到他握著石頭的手前，可看到手是冒出青筋、是緊張的。

很少有雕塑作品是你繞著它走一圈，每個部位會向你敘說不同的心情，就像是跟你講故事一樣。那麼複雜的心思，同時在一座雕像上呈現出來，不難理解為什麼米開朗基羅的大衛像被譽為「最經典不朽的雕刻作品」。

見到大衛像時，我也深刻體會到了說故事的原理之一。一個故事最重要的部分是什麼？結局？開場？不，是結局前的緊要關頭，生死未定、勝敗未知的那一刻最有張力，也存在故事最強的能量。

回想自己的人生，那些最美好的回憶，是否也伴隨著之前的奮鬥？那些最值得回味的勝利，是否也正是因為你面對了巨大的壓力、內心的恐懼，奮力一搏而最後勝出？那一刻固然會釋放大量的腦內啡，但沒有前面的張力，沒有面對失敗的風險，後面的勝利也不可能讓你那麼欣喜若狂。

放鬆、專注，以滿滿的信念把自己的能力發揮到極致。這種有如神助的感覺，也是心理學家所稱的「高峰狀態」（peak state）。這才是真正的勝利，也是能夠支撐我們繼續奮鬥的精神。

所以今天，機會到你眼前了，你願意踏上戰場，面對眼前的歌利亞嗎？還是退下身，繼續打靶練習？

我們可以等，但不能等一輩子。終究會有那麼一天，你必須上陣。願你在緊要關頭的一刻，也能像大衛一樣，放鬆、專注，以滿滿的信念，把能力發揮到極致。

希望你專注出擊時，旁觀的人已經看出你勝利的姿態。

國家圖書館出版品預行編目資料

天上總會有雲，但你才是天空 / 劉軒作 . --
初版 . -- 臺北市：三采文化股份有限公司，
2021.02
面； 公分 . -- (Mind map)
ISBN 978-957-658-484-8(平裝)

1. 情緒管理 2. 生活指導 3. 成功法

176.52 109021356

suncolor
三采文化集團

MindMap 221

天上總會有雲，但你才是天空

作者｜ 劉軒
副總編輯｜王曉雯 主編｜黃迺淳 文字編輯｜曾詠蓁
美術主編｜藍秀婷 封面設計｜高郁雯 內頁設計｜高郁雯
專案經理｜張育珊 行銷企劃｜周傳雅 內頁編排｜徐美玲 校對｜黃薇霓
攝影｜藍陳福堂（lanchen_futeng）

發行人｜ 張輝明 總編輯｜ 曾雅青 發行所｜ 三采文化股份有限公司
地址｜ 台北市內湖區瑞光路 513 巷 33 號 8 樓
傳訊｜ TEL:8797-1234 FAX:8797-1688 網址｜ www.suncolor.com.tw
郵政劃撥｜ 帳號：14319060 戶名：三采文化股份有限公司
初版發行｜ 2021 年 2 月 26 日 定價｜ NT$380
3 刷｜ 2021 年 5 月 30 日